GUITAR CHORD / LYRIC
SONG ANTHOLOGY
STRUM AND SING 75 POPULAR HITS

ISBN 978-1-4950-4989-7

HAL•LEONARD®
CORPORATION
7777 W. BLUEMOUND RD. P.O. BOX 13819 MILWAUKEE, WI 53213

Visit Hal Leonard Online at
www.halleonard.com

4
ABOUT A GIRL
NIRVANA

6
AIN'T NO SUNSHINE
BILL WITHERS

8
ALL OF ME
JOHN LEGEND

14
AMNESIA
5 SECONDS OF SUMMER

11
BEST OF MY LOVE
EAGLES

18
BOTTLE IT UP
SARA BAREILLES

22
BROWN EYED GIRL
VAN MORRISON

28
BUDAPEST
GEORGE EZRA

25
CAROLINA IN MY MIND
JAMES TAYLOR

30
CECILIA
SIMON & GARFUNKEL

32
CHAMPAGNE SUPERNOVA
OASIS

35
DEAR PRUDENCE
THE BEATLES

38
DIRTY WORK
STEELY DAN

40
DRIVE
INCUBUS

43
DROPS OF JUPITER (TELL ME)
TRAIN

48
FALLING SLOWLY
GLEN HANSARD & MARKETA IRGLOVA

50
FREE BIRD
LYNYRD SKYNYRD

56
FRIEND OF THE DEVIL
GRATEFUL DEAD

53
HALLELUJAH
LEONARD COHEN

58
HEY JUDE
THE BEATLES

61
HEY THERE DELILAH
PLAIN WHITE T'S

64
HIGH AND DRY
RADIOHEAD

66
HO HEY
THE LUMINEERS

70
HOME
PHILLIP PHILLIPS

72
I DON'T WANT TO MISS A THING
AEROSMITH

78
I GOT YOU
JACK JOHNSON

75
I WILL WAIT
MUMFORD & SONS

80
IF I HAD $1,000,000
BARENAKED LADIES

84
IRONIC
ALANIS MORISSETTE

90
ISLAND IN THE SUN
WEEZER

87
IT'S TIME
IMAGINE DRAGONS

92
IT'S TOO LATE
CAROLE KING

95
JAR OF HEARTS
CHRISTINA PERRI

98
JESUS, ETC...
WILCO

101
KNOCKIN' ON HEAVEN'S DOOR
BOB DYLAN

102
LEARN TO FLY
FOO FIGHTERS

108
LET HIM FLY
PATTY GRIFFIN

105
LET IT GO
IDINA MENZEL

110
LIFE BY THE DROP
STEVIE RAY VAUGHAN
AND DOUBLE TROUBLE

112
LITTLE LIES
FLEETWOOD MAC

114
LUCKY MAN
EMERSON, LAKE & PALMER

116
THE MAGIC BUS
THE WHO

119
MAN ON THE MOON
R.E.M.

122
MEAN
TAYLOR SWIFT

126
**MORE THAN
A FEELING**
BOSTON

132
NIGHT MOVES
BOB SEGER &
THE SILVER BULLET BAND

136
NO REGRETS
TOM RUSH

129
ONE DAY
MATISYAHU

138
PARADISE CITY
GUNS N' ROSES

142
PIANO MAN
BILLY JOEL

150
**THE REMEDY
(I WON'T WORRY)**
JASON MRAZ

154
RIPTIDE
VANCE JOY

147
ROCK'N ME
STEVE MILLER BAND

156
ROYALS
LORDE

159
RUNAWAY TRAIN
SOUL ASYLUM

162
SAFE & SOUND
TAYLOR SWIFT FEATURING
THE CIVIL WARS

164
SAY SOMETHING
A GREAT BIG WORLD

166
SHOOTING STAR
BAD COMPANY

169
SKINNY LOVE
BON IVER

172
A SKY FULL OF STARS
COLDPLAY

174
SONS & DAUGHTERS
THE DECEMBERISTS

176
SOUL SHINE
THE ALLMAN BROTHERS BAND

180
**THE SOUND
OF SUNSHINE**
MICHAEL FRANTI &
SPEARHEAD

186
SPACE ODDITY
DAVID BOWIE

188
STAY WITH ME
SAM SMITH

183
STORY OF MY LIFE
ONE DIRECTION

190
**THANK YOU FOR
BEING A FRIEND**
ANDREW GOLD

194
**THERE'S A KIND OF HUSH
(ALL OVER THE WORLD)**
HERMAN'S HERMITS

196
THINKING OUT LOUD
ED SHEERAN

200
THIS YEAR'S LOVE
DAVID GRAY

203
**WAITING ON THE
WORLD TO CHANGE**
JOHN MAYER

206
**WAKE ME UP WHEN
SEPTEMBER ENDS**
GREEN DAY

212
WE'LL BE ALRIGHT
TRAVIE MCCOY

208
**WISH YOU
WERE HERE**
PINK FLOYD

210
WOMAN
JOHN LENNON

About a Girl

Words and Music by
Kurt Cobain

Tune down 1/2 step:
(low to high) E♭ - A♭ - D♭ - G♭ - B♭ - E♭

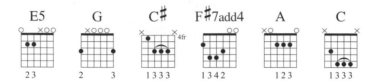

| E5 | G | C# | F#7add4 | A | C |

Intro   ‖:**E5**   **G** |**E5**   **G**   :‖ *Play 4 times*

Verse 1

    |**E5 G** |**E5**   **G**
    I   need an easy friend,
    |**E5 G** |**E5**   **G**
    I do, with an ear to lend.
    |**E5 G** |**E5**   **G**
    I do   think you fit this shoe,
    |**E5 G** |**E5**   **G** |
    I do, but you have a clue.

Chorus 1

    |**C#** |**F#7add4** |
    I'll take ad - vantage while
    |**C#** |**F#7add4**
    You hang me out to dry,
    |**E5** |**A**   **C**
    But I can't see you ev'ry night
    |**E5 G** |**E5 G**
    For free.
    |**E5 G** |**E5 G** |
    I do.

Verse 2

```
|E5  G      |E5      G
I'm  standing in your line,
 |E5 G       |E5        G
I  do, hope you have the time.
 |E5  G   |E5      G
I  do,  pick a number to,
 |E5  G   |E5          G |
I  do,  keep a date with you.
```

Chorus 2   *Repeat Chorus 1*

Guitar Solo   *Repeat Verse 1 (Instrumental)*
                  Repeat Chorus 1 (Instrumental)

Verse 3   *Repeat Verse 1*

Chorus 3
```
|C#          |F#7add4        |
  I'll take ad - vantage while
|C#          |F#7add4
  You hang me out to dry,
 |E5           |A   C      |
But I can't see you ev'ry night.
|E5          |A   C
 I can't see you ev'ry night
 |E5  G |E5  G
For free.
 |E5  G |E5  G
I  do.
 |E5  G |E5  G
I  do.
 |E5  G |E5  G
I  do.
 |E5        ‖
I  do.
```

Ain't No Sunshine

Words and Music by
Bill Withers

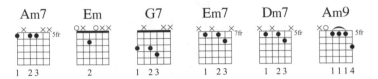

Verse 1

|N.C. |Am7   Em G7 |
Ain't no sunshine when she's ___ gone.
|Am7 | Em G7 |
It's not warm and she's a - way.
|Am7 |Em7
Ain't no sunshine when she's gone,
                         |Dm7
And she's always gone too long
                | Am7 Em G7 |
Anytime she goes a - way.

|Am7 | Em G7 |
Verse 2
Wonder this time where she's ___ gone,
|Am7 | Em G7 |
Wonder if she's gone to stay.
|Am7 |Em7
Ain't no sunshine when she's gone,
                |Dm7
And his house just ain't no home
                | Am7 Em G7 |
Anytime she goes a - way.

Bridge

| Am7 |
    And I know, I know, I know, I know,

| N.C.
 I know, I know, I know, I know,

                |
I know, I know, I know, I know,

                       |
I know, I know, I know, I know,

                             |
I know, I know, I know, I know,

|
I know, I know, I know, I know,

                | |
I know, I know, hey, I ought to leave the young thing a - lone,

                         | Am7   Em G7 |
But ain't no sunshine when she's ___ gone.

Verse 3

| Am7 | Em G7 |
    Ain't no sunshine when she's ___ gone,

| Am7 | Em G7 |
    Only darkness ev'ry day.

| Am7 | Em7
    Ain't no sunshine when she's gone,

                 | Dm7
And this house just ain't no home

             | Am7 Em G7 |
Anytime she goes a - way.

Outro

‖: Am7 | Em G7 :‖
    Anytime she goes away.

| Am7 | Em G7 Am9 ‖
    Anytime she goes away.

All of Me

Words and Music by
John Stephens and Toby Gad

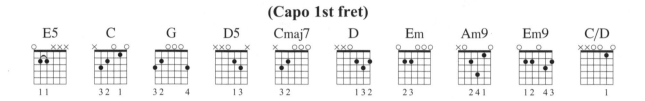

(Capo 1st fret)

E5   C   G   D5   Cmaj7   D   Em   Am9   Em9   C/D

Intro | E5 | C | G | D5 |

Verse 1

‖ E5 |Cmaj7 |G
What would I do without your smart mouth

    |D5 |E5
Drawin' me in and you kickin' me out?

       |C |G
You've got my head spinnin', no kiddin'.

|D5 |E5
I can't pin you down.

     |Cmaj7 |G
What's goin' on in that beautiful mind?

    |D |Em
I'm on your magical mystery ride.

  |C |G
And I'm so dizzy; don't know what hit me.

  |D |Am9
But I'll be al - right.

Pre-Chorus 1

```
 ‖Am9            |G            |D            |Am9
  My head's underwa - ter, but I'm ___ breathin' fine.
         |                |C            |D
  You're ___ crazy and I'm ___ out of my mind.
```

Chorus 1

```
   ‖G          |        |Em9        |
  'Cause all of me ___ loves all of you.
  |              |C                    |
      Love your curves and all your edg - es,
     |C/D              |D
  All your perfect imperfect - tions.
          |G          |        |Em9        |
  Give your all to me, ___ I'll give my all to you.
  |            |C                    |
      You're my end and my begin - ning.
     |C/D                |D
  Even when I lose, I'm win - nin'.
                         |Em    |C        |G          |
  'Cause I give you all _____ of me,
  |D                        |Em   |C          |G    |D    |
      And you give me all _____ of you, ___ oh.
```

Verse 2

```
  ‖E5          |Cmaj7            |G
      How many times do I have to tell you,
                       |D5                    |E5
  Even when you're cryin', you're beautiful too?
           |C            |G
  The world is beatin' you down.
         |D5                    |Em9
  I'm a - round through ev'ry mood.
         |C                      |G
  You're my downfall, you're my muse,
                 |D                    |Em
  My worst distrac - tion, my rhythm and blues.
           |C        |G      |D        |Am9
  I can't stop singin', it's ringin' in my head for you.
```

Pre-Chorus 2   *Repeat Pre-Chorus 1*

Chorus 2   *Repeat Chorus 1*

Bridge

‖**Am9** |
Give me all of you.

| |**G** |**D** |**Am9** |
Cards on the ta - ble, we're both ___ showin' hearts.

| |**G** |**D**
Riskin' it all, ___ though it's hard.

Chorus 3

‖**G** | |**Em9** |
'Cause all of me ___ loves all of you.

| |**C** |
Love your curves and all your edg - es,

|**C/D** |**D**
All your perfect imperfect - tions.

|**G** | |**Em9** |
Give your all to me, ___ I'll give my all to you.

| |**C** |
You're my end and my begin - ning.

|**C/D** |**D**
Even when I lose, I'm win - nin'.

|**Em** |**C** |**G** |
'Cause I give you all _____ of me,

|**D** |**Em** |**C** |**G** |
And you give me all _____ of you.

|**D** |**Em** |**C** |**G** |
I give you all _____ of me,

|**D** |**Em** |**C** |**G** |**D** ‖
And you give me all _____ of you, ___ oh.

Best of My Love

Words and Music by John David Souther,
Don Henley and Glenn Frey

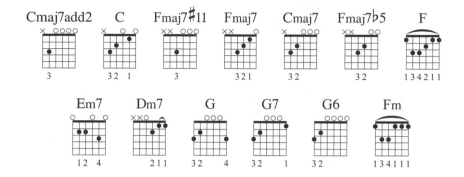

Intro

‖: Cmaj7add2   C | Cmaj7add2   C |
| Fmaj7#11   Fmaj7 | Fmaj7#11   Fmaj7 :‖

Verse 1

|Cmaj7 C
Ev - ery night
  |Cmaj7 C |
I'm ly - in' in bed
|Fmaj7♭5 Fmaj7 |Fmaj7♭5 Fmaj7 |
Hold - in' you close in my dreams;
|Cmaj7 C |
Think - in' about all the things that we said
  |F | |
And comin' apart at the seams.
|Em7 |Dm7
   We tried to talk it o - ver
  |Em7 |F
But the words come out too rough.
|Cmaj7 C
I know you were tryin'
  |Fmaj7 |Cmaj7 C |G G7 G6 G7 |
To give me the best of your love.

Verse 2

|Cmaj7 C
Beau - tiful faces,

  |Cmaj7 C |
An' loud   empty places.

|Fmaj7♭5 Fmaj7 |Fmaj7♭5 Fmaj7 |
      Look at the way that we live,

|Cmaj7 C
 Wast - in' our time

     | |
On cheap talk and wine

|F |
    Left us so little to give.

  |Em7
The same old crowd

       |Dm7
Was like a cold dark cloud

   |Em7 |F |
That we could never rise above,

   |Cmaj7 C
But here   in my heart

|Fmaj7 |Cmaj7 C |G G7 G6 G7 |
I give you the best of my love.

Chorus 1

       |C | |
Whoa, __ sweet dar - lin',

| |F
 You get the best of my love,

          |
(You get the best of my love.)

    |Cmaj7 |
Whoa, __ sweet dar - lin',

| |F
 You get the best of my love.

         | |
(You get the best of my love.)

Bridge

|Fm |
 Oo, I'm goin' back in time
              |Cmaj7 |
And it's a sweet dream.
| |Fm
 It was a quiet night
                    |
And I would be alright
              |Dm7 |G7
If I could go on sleeping.

Verse 3

     |Cmaj7   C
But ev -   'ry morning
 |Cmaj7 C
I wake   up and worry
Fmaj7♭5 |F |
                 What's gonna happen today.
|Cmaj7 C
 You   see it your way,
      |Cmaj7 C
And I   see it mine,
        |F | |
But we both see it slippin' away.
|Em7 |Dm7 |
       You know, we always had each other, baby.
|Em7 |F |
      I guess that wasn't e - nough.
| |Cmaj7 C
 Oh, but here   in my heart
 |Fmaj7 |Cmaj7 C |G
I give you the best of my love.

Chorus 2   *Repeat Chorus 1 till fade*

Amnesia

Words and Music by
Louis Biancaniello, Benji Madden,
Joel Madden, Samuel Watters and
Michael Biancaniello

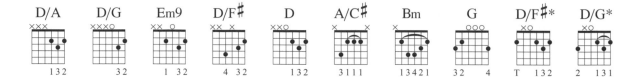

Intro   ‖ D/A | D/G | D/A | D/G

Verse 1
‖ D/A | D/G
I drove by all the places you used to hang out gettin' wasted.
| D/A | D/G
I thought about our last kiss, how it felt, ____ the way you tasted.
   | Em9   D/F♯ | D/G
And even though your friends tell me you're doin' fine,
     | D/A
Are you somewhere feelin' lonely
      | D/G
Even though ____ he's right beside you?
     | D/A
When he says those words that hurt you,
      | D/G
Do you read ____ the ones I wrote you?
    | Em9   D/F♯ | D/G
Some - times I start to wonder, was it just a lie?
| Em9   D/F♯ | D/G |
If what we had was real, how could you be fine?
|
   'Cause I'm not fine at all.

Chorus 1

```
        ‖D                                  |A/C♯
```
I re - member the day you told me you were leav - in'.
```
        |Bm                                      |G
```
I re - member the makeup runnin' down your face.
```
          |D                                |A/C♯
```
And the dreams you left behind, you didn't need ____ them.
```
          |Bm                        |G
```
Like ev'ry single wish we ever made.
```
      |D                             |A/C♯
```
I wish that I could wake up with amne - sia
```
            |Bm                            |G
```
And for - get about the stupid little things,
```
            |D                         |A/C♯
```
Like the way it felt to fall asleep next to you
```
          |Bm                          |G
```
And the memories I never can escape.
```
                              |D/A        |D/G
```
'Cause I'm not fine at all.

Verse 2

```
        ‖D                                |D/G
```
The pictures that you sent me, they're still livin' in my phone.
```
        |D/A                          |D/G
```
I'll ad - mit I like to see them, I'll admit ____ I feel alone.
```
        |Em9                  D/F♯    |D/G
```
And all my friends keep askin' why I'm not around.
```
      |D/A                                 |D/G
```
It hurts to know you're happy. Yeah, it hurts ____ that you moved on.
```
        |D/A                                   |D/G
```
It's hard to hear your name when I haven't seen ____ you in so long.
```
        |Em9                  D/F♯ |D/G
```
It's like we never happened, was it just a lie?
```
      |Em9                    D/F♯      |D/G                  |
```
If what we had was real, how could you be fine?
```
    |
```
   'Cause I'm not fine at all.

Chorus 2

‖**D** |**A/C♯**
I re - member the day you told me you were leav - in'.
　　|Bm |**G**
I re - member the makeup runnin' down your face.
　　　|D |**A/C♯**
And the dreams you left behind, you didn't need ___ them.
　　|Bm |**G**
Like ev'ry single wish we ever made.
|D |**A/C♯**
I wish that I could wake up with amne - sia
　　　|Bm |**G**
And for - get about the stupid little things,
　　　|D |**A/C♯**
Like the way it felt to fall asleep next to you
　　　|Bm |**G**
And the memories I never can escape.

Bridge

　　　‖A/C♯ |**Bm**
If today ___ I woke up with you right beside ___ me,
　|G |**D/F♯** *
Like all of this was just some twisted dream.
|A/C♯ |**Bm**
I hold you closer than I ever did before
　　　|G |
And you'd never slip away. And you'd never hear me say…

Chorus 3

‖**D** |**A/C♯**
I re - member the day you told me you were leav - in'.
　 |**Bm** |**G**
I re - member the makeup runnin' down your face.
　　|**D** |**A/C♯**
And the dreams you left behind, you didn't need ____ them.
　　|**Bm** |**G**
Like ev'ry single wish we ever made.
|**D** |**A/C♯**
I wish that I could wake up with amne - sia
　　　|**Bm** |**G**
And for - get about the stupid little things,
　　　|**D** |**A/C♯**
Like the way it felt to fall asleep next to you
　　|**Bm** |**G**
And the memories I never can escape.
　　　　　　　|**D/A** |
'Cause I'm not fine at all.
|**D/G** |**D/A** |
　No, I'm really not fine at all.
|**D/G** |**D/A** |
　Tell me this is just a dream.
|**D/G**   **D/G***| ‖
　'Cause I'm really not fine at all.

Bottle It Up

Words and Music by
Sara Bareilles

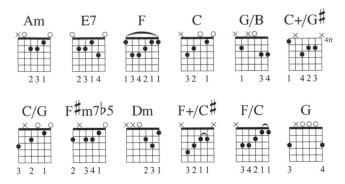

Verse 1

|| **Am** | **E7**
There'll be girls   across the nation that'll eat this up, babe.

| **F** | **C**   **G/B**
I know   that it's your soul, but could you bottle it up

| **Am** | **E7**
And get down   to the heart of it? No,   it's my heart;

| **F** | **C**   **G/B**
You're shit out   of your luck. Don't make me tell you again,

| **Am** | **E7**
My love,   love, love, love.

| **F** | **C**   **G/B**
Love,   love, love, love.

Verse 2

‖**Am**   │**E7**
I am aim - ing to be somebody this somebody trusts
                    │**F**   │**C**   **G/B**
With her del - icate soul. I don't claim   to know much
                    │**Am**   │**E7**
Except soon   as you start to make room   for the parts
                    │**F**   │**C**   **G/B**
That aren't you,   it gets harder to bloom   in a gar - den
             │**Am**   │**E7**
Of love,   love, love, love.
       │**F**   │**C**   **G/B**   ‖
Love,   love, love, love.

Am   │**C+/G♯**

Pre-Chorus 1
Only thing I ever could need,
             │**C/G**   │**F**
Only one   good thing worth trying to be,

                    ‖**C**   │**G/B**

Chorus 1
And it's love   (love), love   (love),
       │**Am**   │**F**
Love   (love), love   (love).
                    │**C**   │**G/B**
I do it for love   (love), love   (love),
       │**Am**   │**F**
Love   (love), love.

Verse 3

         ‖ **Am** | **E7**
We can un - derstand the sentiment you're saying to us.
        | **F** | **C**   **G/B**
Oh, but sensible sells, so could you kindly shut up
           | **Am** | **E7**
And get start - ed at keeping your part   of the bargain.
         | **F** | **C**   **G/B**
Aw, please, little darling, you're killing me sweetly
        | **Am** | **E7**
With love,   love, love, love.
      | **F** | **C**   **G/B**   ‖
Love, love, love, love.

Repeat Pre-Chorus 1

Repeat Chorus 1

Bridge

           ‖ **Am**   **C+/G♯** |
Started as a flicker meant to be a flame.
C+/G♯ | **C/G**   **F♯m7♭5** |
  Skin has gotten thicker   but it burns the same.
F♯m7♭5 | **Dm** | **F+/C♯**
    Still a baby in a cradle; got to take my first fall.
           | **F/C**   **G** |
Baby's getting next to nowhere with her back a - gainst the wall.
             | **Am**   **C+/G♯** |
You meant to make me happy, make me sad.
C+/G♯ | **C/G**   **F♯m7♭5** |
  Want to make it better, better so bad.
F♯m7♭5 | **Dm**   **F+/C♯**|
  But save your reso - lutions for your never New   Year.
            | **F/C**   **G** | ‖
There is only one so - lution I can see here.

Pre-Chorus 2

Am |C+/G♯
Love, you're all I ever could need.

         |C/G |F
Only one   good thing worth trying to be,

Chorus 2

              ||C |G/B
And it's love (only gonna get get), love (get what you give away),

    |Am |F
Love   (so give love), love (love).

              |C |G/B
I do it for love (only gonna get get), love (get what you give away),

     |Am |F |
Love   (love), love. Woh.

C |G/B |Am |F
  Only gonna get, get what you give away.   Love.

    |C |G/B |Am |F ||
Love (only gonna get), love (get what you give away), love   (love).

Brown Eyed Girl

Words and Music by
Van Morrison

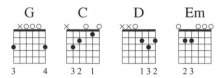

Intro   G |C |G |D |G |C |G |D   ‖

Verse 1

G |C |
Hey, where did we   go?
G |D |
Days when the rains   came,
G |C |
Down in the hol - low,
G |D |
Playing a new   game.
G |C |
Laughing and a-running, hey, hey,
G |D |
Skipping and a-jumping.
G |C |
In the misty morn - ing fog
     |G |D |C |
With   our, hearts a-thumping, and you,
D |G |Em |
My brown-eyed girl.
C |D |G |D   ‖
You, my   brown-eyed girl.

Verse 2

```
      G              |C         |
And  whatever  hap - pened
      G              |D         |
  To  Tuesday  and  so    slow?
      G              |C            |
  Going  down  the  old   mine  with  a
      G       |D         |
  Transistor  ra - dio.
      G          |C            |
  Standing  in  the  sunlight  laughing,
      G          |D            |
  Hiding  'hind  a  rainbow's  wall.
      G              |C         |
  Slipping  and  a-slid - ing
      G       |D           |C         |
  All  along  the  waterfall  with  you,
  D              |G          |Em        |
  My  brown-eyed  girl.
  C      |D           |G          |
  You,  my    brown-eyed  girl.
  D7             |         |               ||
  Do  you  remem - ber  when    we  used  to  sing:
```

Chorus

```
      G          |C          |G              |D           |
  Sha,  la,  la,  la,  la,  la,  la,  la,  la,  la,  la,  te,  da.  Just  like  that.
      G          |C          |G              |D
  Sha,  la,  la,  la,  la,  la,  la,  la,  la,  la,  la,  te,  da,
                 |G         |         ||
La,  te,  da.
```

Interlude

```
      G         |         |         |C         |G         |D         ||
```

Verse 3

G |C |
So hard to find my way

G |D |
Now that I'm all on my own.

G |C |
I saw you just the other day;

G |D |
My, how you have grown.

G |C |
Cast my memory back there, Lord.

G |D |
Sometimes I'm over - come thinking about it.

G |C |
Makin' love in the green grass

G |D |C |
Behind the stadium with you,

D |G |Em |
My brown-eyed girl.

C |D |G |
You, my brown-eyed girl.

D | | ||
Do you remem - ber when we used to sing:

Outro

G |C |G |D |
Sha, la, la, la, la, la, la, la, la, la, la, te, da.

G |C |G |D |G ||
Sha, la, la, la, la, la, la, la, la, la, la, te, da.

Carolina in My Mind

Words and Music by
James Taylor

(Capo 2nd fret)

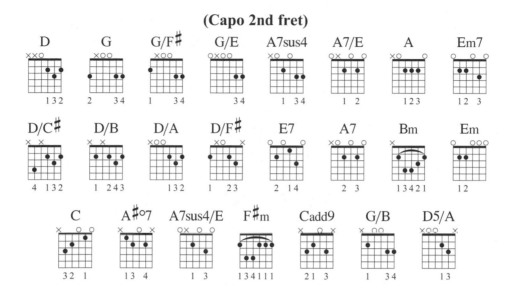

Intro |D   G G/F# |G/E   A7sus4 |

Chorus 1

|D   G   G/F# |A7/E   A |
In my mind I'm gone to Caroli - na.

|G   A |
Can't you see the sun - shine?

|Em7   A
Can't you just feel the moon - shine?

|D   D/C#   D/B   D/A
And ain't it just like ___ a friend ___ of mine

|G   D/F#   E7
To hit me from ___ behind?

A7 |D   Bm Em   A |D |
Yes, I'm gone to Caroli - na in ___ my mind.

Verse 1

```
|D                    C
 Karin, she's a sil - ver sun.
        |G                        A          A#°7
 You best walk her way and watch ___ it shine
   |Bm        G                      |A
 And    watch her watch the morning come.
 |G              D/F#
 A silver tear ap - pearing now,
    |Bm     E7  A7sus4/E  A7  |
 I'm cryin', ___ ain't I?
 |D       Bm   Em7   A7sus4      |D
  Gone to Caroli - na in ___ my mind.
```

Verse 2

```
        |D                    C
 There ain't no doubt in no ___ one's mind
          |G                   A7        A#°7 |
 That love's ___ the finest thing ___ around.
 |Bm        G                    |A
   Whisper something soft and kind.
    |G                   D/F#
 And hey, babe, the sky's ___ on fire.
    |Bm   E7  A7sus4/E  A |
 I'm dy - in', ain't I?
 |D       Bm  Em7   A7          |D      |
  Gone to Caroli - na in ___ my mind.
```

Chorus 2   *Repeat Chorus 1*

Verse 3

```
 |D                    C
  Dark and silent, late ___ last night,
    |G                      A        A#°7
 I think I might have heard the high - way call
   |Bm        G                      |A
 And    geese in flight ___ and dogs that bite.
    |G                D/F#
 The signs that might be o - mens
       |Bm  E7      A7sus4/E  A7
 Say I'm go - in', I'm go    -    in',
     |D      Bm   Em7   A7sus4       |D
 I'm gone to Caroli - na in ___ my mind.
```

Bridge

```
            |G              A               |Bm          |
With a holy host of oth - ers standin' aroun' ___ me,
|F#m          Em                |G
 Still I'm on the dark side of the moon.
A7              |C          G       Em      |D
  And it seems ___ like it goes on like this forev - er.
                |Cadd9  G/B |Em7
You must for - give me,
D5/A                |D   Bm   Em        A   |D        |
If I'm up and gone ___ to Caroli - na in ___ my mind.
```

Chorus 3

```
      |D          G        G/F# |A        |
 In my mind I'm gone to Caroli - na.
|G              A         |
  Can't you see the sun - shine?
|Em7                     A        |
Can't you just feel the moon - shine?
|D          D/C#          D/B       D/A
  And it just like ___ a friend ___ of mine
 |G         D/F#     E7
To hit me from ___ be - hind?
A7      |D       D/F#  G  D/F#  |
Yes, I'm gone to Caro - li - na
|Em7  A7sus4         |D   D/C#  Bm   A  |
 In _____ my mind.
```

Outro

```
||: G         G/F#  Em7     A7          |D  D/C#  Bm
  Gone to Car - oli - na in ___ my mind.
A            |G        G/F#  Em7      A7          |D  D/C#  Bm  A  |
  And I'm gone ___ to Car - oli - na in ___ my mind.
|G         G/F#  Em7      A7          |D  D/C#  Bm  A :||
Gone to Car - oli - na in __ my mind.
```

Repeat and fade
w/ vocal ad lib.

Budapest

Words and Music by
George Barnett and Joel Pott

Tune down 1 step:
(low to high) D-G-C-F-A-D

G   C   D

Intro

‖G | | | |

Verse 1

‖G | |

My house in Budapest, my, ___ my hidden treasure chest,

| | |

Golden grand piano, ___ my beautiful Castillo.

|C | |G | |

You, hoo, you, oo, I'd leave it all.

| | |

My acres of a, land   I've achieved,

| |

It may be hard for you to ___ stop and believe.

|C | |G |

But for you, hoo, you, oo, I'd leave it all.

| |C | |G | |

Oh, for you, hoo, you, oo, I'd leave it all.

Chorus 1

‖D

Gimme one good reason

|C |G | |

Why I ___ should never make a change.

|D |C |G | |

Baby, if you hold me then all ___ of this will go away.

Verse 2

‖G | |

My many artifacts, ___ the list goes on.

| | |

If you just say the words, I, ___ I'll up and run on to

|C | |G |

You, hoo, you, oo, I'd leave it all.

| |C | |G | |

Oh, for you, hoo, you, oo, I'd leave it all.

Chorus 2

```
‖D
  Gimme one good reason
       |C                              |G        |          |
Why I ___ should never make a change.
|D                        |C                |G        |          |
 Baby, if you hold me then all ___ of this will go away.
|D
  Gimme one good reason
       |C                              |G        |          |
Why I ___ should never make a change.
|D                        |C                |G        |          |
 Baby, if you hold me then all ___ of this will go away.
```

Interlude

```
‖G           |           |           |            |
|C           |           |G          |            |
```

Verse 3

```
‖G                              |                     |
    My friends and family, they ___ don't understand.
|                              |
    They fear they'll lose so much if ___ you take my hand.
        |C           |          |G          |
But for you, hoo, you, oo, I'd lose it all.
|          |C         |          |G          |          |
  Oh, for you, hoo, you, oo, I'd lose it all.
```

Chorus 3

Repeat Chorus 2

Outro-Verse

```
‖G                              |                        |
    My house in Budapest, my, ___ my hidden treasure chest,
|                        |          |
    Golden grand piano, ___ my beautiful Castillo.
|C          |           |G          |
 You, hoo, you, oo, I'd leave it all.
|          |C         |          |G          ‖
  Oh, for you, hoo, you, oo, I'd leave it all.
```

Cecilia

Words and Music by Paul Simon

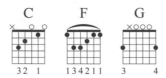

Chorus 1

C |F   C
Celia, you're breaking my heart.

     |F   C |G
You're shaking my con - fidence dai - ly.

     |F   C |F   C
Oh Ce - cil - ia, I'm down on my knees.

     |F   C |G   ‖
I'm begging you please   to come home.

Chorus 2

C |F   C
Celia, you're breaking my heart.

     |F   C |G
You're shaking my con - fidence dai - ly.

     |F   C |F   C
Oh Ce - cil - ia, I'm down on my knees.

     |F   C |G |C   ‖
I'm begging you please   to come home,   come on home.

Verse

   C |F |C
Making love in the af - ternoon   with Cecil - ia

F |G   C |
Up in my   bedroom (making love).

  C |F
I got up to wash my face.

      |C |G   C ||
When I come back to bed someone's tak - en my place.

Chorus 3

  C |F   C
Celia, you're breaking my heart.

   |F   C |G
You're shaking my con - fidence dai - ly.

   |F C |F   C
Oh Ce - cil - ia, I'm down on my knees.

  |F   C |G |C
I'm begging you please to come home,   come on home.

Interlude

   ||F | |G
Poh poh poh poh poh poh poh poh poh poh poh poh poh.

Bridge

   ||F C |F   C
Jubi - la - tion, she loves me again.

 |F   C |G
I fall on the floor and I'm laugh - ing.

   |F C |F   C
Jubi - la - tion, she loves me again.

 |F   C |G
I fall on the floor and I'm laugh - ing.

Tag

   ||F C |F   C
Oh oh oh oh oh oh oh oh oh

 |F   C |G |C ||
Oh oh oh oh oh oh oh oh oh,   come on home.

Champagne Supernova

Words and Music by
Noel Gallagher

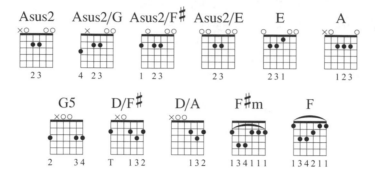

Intro

N.C.		Asus2	Asus2/G
Asus2/F♯	Asus2/E	Asus2	Asus2/G
Asus2/F♯	Asus2/E

Verse 1

|Asus2 |Asus2/G |
How many special people change? How many lives are living strange?
|Asus2/F♯ |Asus2/E |
Where were you while we were getting high?
|Asus2 |Asus2/G |
  Slowly walking down the hall, faster than a cannonball.
|Asus2/F♯ |Asus2/E
Where were you while we were getting high?

Chorus 1

                    |Asus2 |Asus2/G
Someday you will find me caught beneath the land - slide
        |Asus2/F♯ |Asus2/E
In a cham - pagne supernova in the sky.
                    |Asus2 |Asus2/G
Someday you will find me caught beneath the land - slide
        |Asus2/F♯ |Asus2/E |
In a cham - pagne supernova, a champagne supernova in the sky.

Interlude 1

|Asus2 |Asus2/G |Asus2/F♯ |Asus2/E |

Verse 2

|Asus2 |Asus2/G |
Wake up the dawn and ask her why a dreamer dreams she never dies.
|Asus2/F♯ |Asus2/E
Wipe that tear away now from your eye.
|Asus2 |Asus2/G |
   Slowly walking down the hall, faster than a cannonball.
|Asus2/F♯ |E
Where were you while we were getting high?

Chorus 2

                  |A |G5
Someday you will find me caught beneath the land - slide
         |D/F♯ |E
In a cham - pagne supernova in the sky.
                  |A |G5
Someday you will find me caught beneath the land - slide
         |D/F♯ |E
In a cham - pagne supernova, a champagne supernova.

Bridge 1

 |G5 | |A
'Cos people believe that they're gonna get away for the sum - mer.
 |G5
But you and I, we live and die.
 |D/A
The world's still spinning 'round,
                  | E |
We don't know why, ____ why, why, why, why.

Interlude 2   ‖:Asus2 |Asus2/G |Asus2/F♯ |Asus2/E :‖

Verse 3

|Asus2 |Asus2/G |
How many special people change? How many lives are living strange?
|Asus2/F♯ |Asus2/E
Where were you while we were getting high?
|Asus2 |Asus2/G |
   Slowly walking down the hall, faster than a cannonball.
|Asus2/F♯ |E
Where were you while we were getting high?

Chorus 3   *Repeat Chorus 2*

Bridge 2   *Repeat Bridge 1*

| *Guitar Solo* | |A |G5 |F#m |F   G5 |

|A |G5 |F#m |F   G5 |

                                              Na,   na,

‖:A |G5 |F#m |F   G5 :‖

 Na.   Na,   na,   na,   na.   Na,   na,

|A   G5 |F   G5 |

 Na,   na,   na,   na.

Interlude 3   *Repeat Interlude 2*

Verse 4

|Asus2 |Asus2/G |
How many special people change? How many lives are living strange?

|Asus2/F# |Asus2/E
Where were you while we were getting high?

                             |Asus2 |Asus2/G
We were getting high, ____ we were getting high,

                             |Asus2/F# |Asus2/E
We were getting high, ____ we were getting high.

                             |Asus2 |Asus2/G
We were getting high, ____ we were getting high,

                             |Asus2/F# |Asus2/E
We were getting high, ____ we were getting high,

                             |
We were getting high.

Outro

|Asus2 |Asus2/G |Asus2/F# |F |

|G5 |A | | |

|Asus2/G |Asus2/F# |F   G5 |A   ‖

Dear Prudence

Words and Music by
John Lennon and Paul McCartney

Drop D tunng:
(low to high) D - A - D - G - B - E

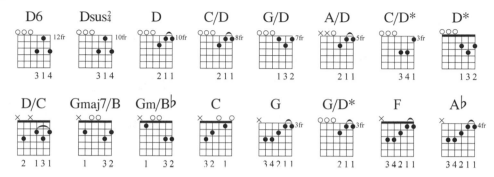

Intro

|D6   Dsus²₄|D   C/D |G/D   A/D |C/D* |
|D*   D/C |Gmaj7/B Gm/B♭ |

Verse 1

     |D*   D/C |Gmaj7/B   Gm/B♭
Dear   Prudence,
                    |D* D/C |Gmaj7/B   Gm/B♭
Won't you come out to play?
      |D*   D/C |Gmaj7/B   Gm/B♭
Dear   Prudence,
                    |D* D/C |Gmaj7/B   Gm/B♭
Greet the brand new day.
     |D*   D/C
The sun is up, the sky is blue,
     |Gmaj7/B   Gm/B♭
It's beautiful and so are you,
       |D*   D/C |
Dear Prudence,
|C   G |D* D/C |Gmaj7/B   Gm/B♭
 Won't you come out to play?

Verse 2

```
        |D*           D/C  |Gmaj7/B  Gm/B♭
Dear   Prudence,
                |D*  D/C  |Gmaj7/B  Gm/B♭
Open up your eyes.
        |D*           D/C  |Gmaj7/B  Gm/B♭
Dear   Prudence,
                |D*  D/C  |Gmaj7/B  Gm/B♭
See the sunny skies.
        |D*           D/C
The wind is low, the birds will sing,
        |Gmaj7/B        Gm/B♭
That you are part of everything,
        |D*           D/C   |
Dear   Prudence,
|C          G            |D*  G/D* |A/D   G/D*
 Won't you open up your eyes?
```

Bridge

```
        |D*                G/D*                |
Look a - round, 'round, ('Round, 'round, 'round,
|A/D                     G/D*
'Round, 'round, 'round, 'round, 'round.)
        |D*                G/D*                |
Look a - round, 'round, 'round, ('Round, 'round,
|A/D             G/D*
'Round, 'round, 'round, 'round, 'round.)
        |F          A♭  |G              |
Look a - round, ah.
|D*  D/C    |Gmaj7/B  Gm/B♭
```

Verse 3

```
        |D*          D/C |Gmaj7/B  Gm/Bb
Dear   Prudence,
                   |D*  D/C |Gmaj7/B  Gm/Bb
Let me see you smile.
     |D*          D/C |Gmaj7/B  Gm/Bb
Dear   Prudence,
              |D*  D/C |Gmaj7/B  Gm/Bb
Like a little child.
     |D*          D/C
The clouds will be a daisy chain
   |Gmaj7/B       Gm/Bb
So let me see you smile again,
      |D*          D/C   |
Dear   Prudence,
|C         G                |D*  D/C |Gmaj7/B  Gm/Bb
 Won't you let me see you smile?
```

Verse 4

```
        |D*          D/C |Gmaj7/B  Gm/Bb
Dear   Prudence,
                     |D*  D/C |Gmaj7/B  Gm/Bb
Won't you come out to play?
     |D*          D/C |Gmaj7/B  Gm/Bb
Dear   Prudence,
                    |D*  D/C |Gmaj7/B  Gm/Bb
Greet the brand new day.
     |D*            |D/C
The sun is up, the sky is blue,
    |Gmaj7/B       |Gm/Bb
It's beautiful and so are you,
      |D*          D/C   |
Dear Prudence,
|C         G           |D*          |
 Won't you come out to play?
|D6   Dsus⁴₄ |D   C/D   |G/D   A/D  |C/D*    |D*        ‖
```

Dirty Work

Words and Music by
Walter Becker and Donald Fagen

(Capo 1st fret)

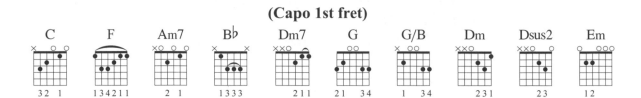

C   F   Am7   Bb   Dm7   G   G/B   Dm   Dsus2   Em

Intro
‖: C   F | Am7   Bb   :‖ *Play 3 times*
| C   F |

Verse 1

| Am7   Dm7 | G   C
    Times are hard, ___ you're afraid ___ to pay the fee,
      | F   Bb
So you find yourself some - body
        | C | G/B   Am7
Who can do ___ the job for free.
G   F | Am7   Dm7 | G   C
    When you need a bit of lov - in' 'cause your man ___ is out of town,
        | F   Bb
That's the time you get me runnin'
          | C | Dm   Dsus2 |
And you know ___ I'll be around.

Chorus 1

```
|C          F      |Am7         Bb     |
    I'm a fool ___ to do your dirty work, oh yeah.
|C          F      |Am7         Bb     |
    I don't wan - na do your dirty work no more.
|C          F      |Am7         Bb    C   F  |
    I'm a fool ___ to do your dirty work, oh yeah.
```

Verse 2

```
|Am7        Dm7          |G              C
    Light the can - dle, put the lock ___ upon the door.
       |F            Bb
You have sent the maid home early
          |C           |G/B    Am7
Like a thou - sand times be - fore.
G  F      |Am7          Dm7         |G          C
    Like the castle in his corn - er in a med - ieval game
         |F           Bb
I fore - see terrible trouble
             |C                    |Dm  Dsus2   |
And I stay ___ here just the same.
```

Chorus 2   *Repeat Chorus 1*

Sax Solo

```
|G          |Em       |G              |Em         |
|F          |G        |¾Dm  Dsus2      |
```

Outro-Chorus

```
||:C         F      |Am7         Bb     |
    I'm a fool ___ to do your dirty work, oh yeah.
|C          F      |Am7         Bb    :||
    I don't wan - na do your dirty work no more.     ***Repeat and fade***
```

Drive

Words and Music by
Brandon Boyd, Michael Einziger,
Alex Katunich, Jose Pasillas II
and Chris Kilmore

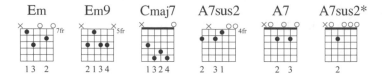

Intro

‖: Em   Em9 │Cmaj7   A7sus2 :‖ *Play 4 times*

Verse 1

│Em   Em9 │Cmaj7   A7sus2
  Sometimes   I feel the fear of

 │Em   Em9 │Cmaj7 A7sus2 │
Un - certainty stinging clear.

│Em   Em9   │Cmaj7
  And I,   I can't help but ask myself

A7sus2   │**Em**   **Em9** │**Cmaj7**   **A7sus2** │
How much I'll let the fear take the wheel ____ and steer.

Pre-Chorus 1

│**Cmaj7**   **A7** │
  It's driven me be - fore,

          A7sus2* A7 │**A7sus2*   Cmaj7**
And it seems to have ____ a vague,

A7   │   **A7sus2* A7   A7sus2*** │**Cmaj7**
Haunt - ing mass ap   -   peal.

          A7 │   **A7sus2* A7**
But lately I'm beginning to   find ____ that

A7sus2* │**Cmaj7**   **A7** │   │
I _____ should be the one   behind the wheel.

Chorus 1

```
|Em        Em9 |Cmaj7         A7sus2  |Em
   Whatever tomor  -  row brings, I'll    be ___ there
        Em9      |Cmaj7          A7sus2       |
With open arms ___ and open eyes, ___ yeah.
|Em        Em9 |Cmaj7         A7sus2  |Em
   Whatever tomor  -  row brings, I'll    be ___ there,
Em9 |Cmaj7     A7sus2      |
I'll be ___ there.
```

Verse 2

```
|Em     Em9    |Cmaj7            A7sus2
  So if I      de - cide to waiver my
           |Em              Em9    |Cmaj7  A7sus2 |
Chance to be one of the hive,
|Em    Em9    |Cmaj7          A7sus2  |
  Will I    choose water over wine
|              Em
 And hold my own and drive?
     Em9 |Cmaj7    A7sus2  |
Oh, oh,    oh.
```

Pre-Chorus 2

```
|Cmaj7                A7 |
   It's driven me be - fore,
              A7sus2* A7   A7sus2* |Cmaj7
And it seems to have ___ a vague,
A7     |              A7sus2* A7   A7sus2* |Cmaj7
Haunt - ing mass ap   -    peal.
        A7  |           A7sus2* A7
But lately I'm   beginning to find
        A7sus2* |Cmaj7          A7  |              |
That when _____ I drive my - self   my light is found.
```

Chorus 2   *Repeat Verse 1*

Interlude   *Repeat Intro*

|Cmaj7   A7 | |Cmaj7

Pre-Chorus 3   Would you choose a, water over wine?

A7 | | N.C. |
Hold the wheel and drive.

Chorus 3   *Repeat Chorus 1*

|Em Em9 |Cmaj7   A7sus2

Outro   Do, do, do, ____ do, do, do,

                      | Em
Do, do, do, ____ do.

Em9 |Cmaj7
No, no, ____ no.

    A7sus2 |Em
Do, do, do, do, do.

    Em9 |Cmaj7   A7sus2
Do, do, do, do, ____ do, do, do,

                      |Em
Do, do, do, ____ do.

Em9 |Cmaj7   A7sus2 |Cmaj7   A7 | ‖
No, no, ___ no, no, no.

Drops of Jupiter (Tell Me)

Words and Music by Pat Monahan, Jimmy Stafford,
Robert Hotchkiss, Charles Colin and Scott Underwood

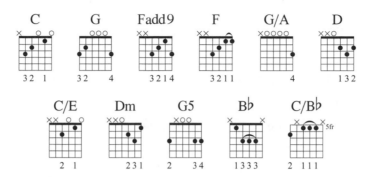

Intro

|C |G |

|Fadd9 |F |

Verse 1

|C
Now that__ she's back in the atmosphere

|G |F |
With drops of Jupiter in her hair, hey, hey,

|C
She acts like summer and walks like rain,

|G |F |
Re - minds me that there's a time to change, hey, hey.

|C
Since__ the return from her stay on the moon,

|G |F
She lis - tens like spring and she talks like June. Hey, hey.

|
Hey, hey.

Pre-Chorus 1

```
       |G                                    G/A         |D
       But tell me, did you sail across ___ the sun?
                                          C/E  |F
       Did you make it to the Milk - y Way
                                      |
       To see that lights all faded
       |C                                         |
           And that heaven is overrated?
       |G                                    G/A       |D
       Tell me, did you fall for a shoot - ing star,
                                          |Dm
       One without a permanent scar?

       And did you miss me
                   C/E |F                                |
       While you were looking for yourself out there?
```

Interlude

```
       |C            |G5           |
       |Fadd9        |             |
```

Verse 2

```
             |C                                        |
       Now that__ she's back from that soul vacation,
       G5                                         |F        |
       Tracing her way through the constellation, hey, hey.
             |C
       She checks__ out Mozart while she does Tae-Bo,
             |G                                   |F  |
       Reminds__ me that there's room to grow, hey, hey.
             |C
       Now that__ she's back in the atmosphere
             |G                                  |F
       I'm afraid__ that she might think of me as plain old Jane,
                                  |
       Told a story 'bout a man who was too afraid to fly

       So he never did land.
```

Pre-Chorus 2

|G   G/A |D
But tell me, did the wind sweep you off your feet?

               C/E |F
Did you fin'lly get the chance___ to dance

              |
Along the light of the day,

|C
  And head back to the Milky Way?

 |G   G/A |D
And tell me, did Venus blow your mind?

             |Dm
Was it ev'rything you wanted to find,

And did you miss me

      C/E |F |
While you were looking for yourself out there?

Chorus 1

|C |G5 |Fadd9 | |

        |G
Can you imagine no love,

Pride, deep-fried chicken?

 |G |Fadd9 |
Your best friend always sticking up for you,

|
Even when I know you're wrong?

  G |C
Can you imagine no first dance?

         |
Freeze-dried? Romance?

|
Five-hour phone conversation?

 |B♭ |F
The best soy latte that you ever had and me?

Pre-Chorus 3

```
         |G                                        G/A      |D
But tell me, did the wind sweep you off your feet?
                                     C/E        |F
Did you fin'lly get the chance__ to dance
                                          |
Along the light of the day
|C
      And head back toward the Milky Way?
         |G                            G/A         |D
And tell me, did you sail across__ the sun?
                               C/E     |F
Did you make it to the Milk - y Way
                                    |
To see that lights all faded
|C
      And that heaven is overrated? And
|G                                      G/A    |D
Tell me, did you fall for a shoot - ing star,
                                   |Dm
One without a permanent scar?

And did you miss me
            C/E |F                            |
While you were looking for yourself?
```

Chorus 2

|C |
(Na, na, na, na, na, na,

|G |Fadd9
Na, na, na, na, na, na, na, na, na, na.)

| |
And did you fin'lly get the chance to dance

                          |
Along the light of day?

|C |
(Na, na, na, na, na, na,

|G |
Na, na, na, na, na, na, na, na, na, na.)

| |Fadd9 |
And did you fall from a shooting star,

| |
Fall from a shooting star?

|C |
(Na, na, na, na, na, na,

|G |
Na, na, na, na, na, na, na, na, na, na.)

| |B♭ C/B♭   B♭ |F |
And are you lonely__ looking for yourself out there?

Falling Slowly
from the Motion Picture ONCE

Words and Music by
Glen Hansard and Marketa Irglova

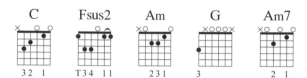

Intro ‖**C** |**Fsus2** **C** |**Fsus2** |

Verse 1

‖**C** |**Fsus2** |
Male: I don't know you, but I want you

|**C** |**Fsus2** |
All the more for that.

|**C** |**Fsus2** |
Male & Female: Words fall through me and always fool me,

|**C** |**Fsus2**
And I can't react.

Pre-Chorus 1

‖**Am** **G** |**Fsus2** **G**
Male: And games that never a - mount to more

|**Am** **G** |**Fsus2** | |
Than they're meant will play themselves out.   Oh.

Chorus 1

‖**C** |**Fsus2**
Male & Female: Take this sinkin' boat

|**Am7** |**Fsus2** |
And point it home, we've still got time.

|**C** |**Fsus2**
Raise your hopeful voice,

|**Am7** |**Fsus2** | |
You have a choice. You'll make it now.

Verse 2

             ‖**C** |**Fsus2** |

Male & Female: Falling slowly, eyes that know me

|**C** |**Fsus2**

And I can't go back.

  |**C** |**Fsus2** |

And moods that take me and erase me

|**C** |**Fsus2**

And I'm painted black.

Pre-Chorus 2

          ‖**Am**   **G** |**Fsus2**   **G** |**Am**

Male: Well, you have suffered e - nough and warred with your - self.

   G |**Fsus2** | |

It's time that you won.

Chorus 2

             ‖**C** |**Fsus2**

Male & Female: Take this sinkin' boat

         |**Am7** |**Fsus2** |

And point it home, we've still got time.

|**C** |**Fsus2**

 Raise your hopeful voice,

         |**Am7** |**Fsus2** |

You have a choice. You've make it now.

|**C** |**Fsus2** |**Am7**

 Falling slowly, sing your melo - dy.

        |**Fsus2** |**C** |

I'll sing it loud.

    |**Fsus2** |**Am7** |**Fsus2** |

Male: Oh. Oh, _____ oh.

| | | | |

   To come,   a, pay the cost ____ too late.

| | | | |

   Now you're gone.

| | |$\frac{3}{4}$ |

Outro

     ‖$\frac{4}{4}$**C** |**Fsus2** |**C** |**Fsus2** |**C**   ‖

Free Bird

Words and Music by
Allen Collins and Ronnie Van Zant

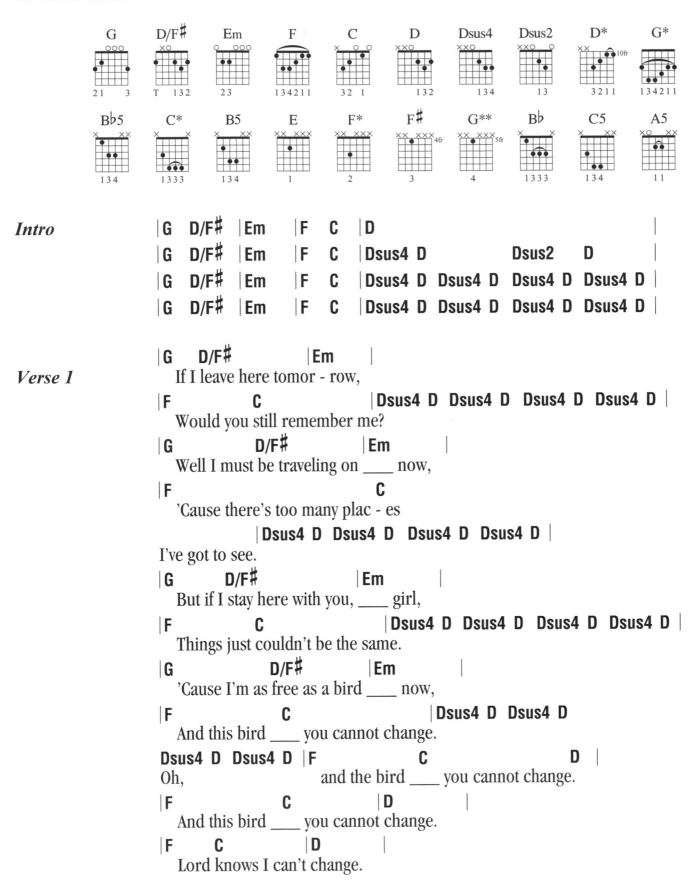

Intro

G D/F♯	Em	F C	D
G D/F♯	Em	F C	Dsus4 D Dsus2 D
G D/F♯	Em	F C	Dsus4 D Dsus4 D Dsus4 D Dsus4 D
G D/F♯	Em	F C	Dsus4 D Dsus4 D Dsus4 D Dsus4 D

Verse 1

|G   D/F♯ |Em |
If I leave here tomor - row,

|F   C |Dsus4 D Dsus4 D Dsus4 D Dsus4 D |
Would you still remember me?

|G   D/F♯ |Em |
Well I must be traveling on ____ now,

|F   C
'Cause there's too many plac - es

          |Dsus4 D Dsus4 D Dsus4 D Dsus4 D |
I've got to see.

|G   D/F♯ |Em |
But if I stay here with you, ____ girl,

|F   C |Dsus4 D Dsus4 D Dsus4 D Dsus4 D |
Things just couldn't be the same.

|G   D/F♯ |Em |
'Cause I'm as free as a bird ____ now,

|F   C |Dsus4 D Dsus4 D |
And this bird ____ you cannot change.

Dsus4 D Dsus4 D |F   C   D |
Oh,   and the bird ____ you cannot change.

|F   C |D |
And this bird ____ you cannot change.

|F   C |D |
Lord knows I can't change.

Interlude |G   D/F♯ |Em |F   C |Dsus4 D Dsus4 D Dsus4 D Dsus4 D |

|G   D/F♯ |Em |F   C |Dsus4 D Dsus4 D Dsus4 D Dsus4 D |

Verse 2

|G   D/F♯ |Em |

Bye bye, ____ baby, it's been sweet ____ now, yeah, yeah.

|F   C |Dsus4 D Dsus4 D Dsus4 D Dsus4 D |

Though this feel - in' I can't change.

|G   D/F♯ |Em |

A please don't take it so bad - ly,

|F   C |Dsus4 D Dsus4 D Dsus4 D Dsus4 D |

'Cause the Lord knows I'm to blame.

|G   D/F♯ |Em |

But if I stay here with you, ____ girl,

|F   C |Dsus4 D Dsus4 D Dsus4 D Dsus4 D |

Things just could - n't be the same.

|G   D/F♯ |Em |

'Cause I'm as free as a bird ____ now,

|F   C |Dsus4 D Dsus4 D |

And this bird ____ you cannot change.

Dsus4 D Dsus4 D |F   C   D   D* |

Oh,   and a bird ____ you cannot change.

|F   C |D   D* |

And this bird ____ you cannot change.

|F C   D   D* |

Lord knows, I can't change.

|F C |D |

Lord help me, I can't change.

|G* B♭5 | |C* |

Lord, I can't ____ change.

      |G* B♭5 | |C* | |

Won't you fly, ____   free bird, yeah!

Outro-Guitar Solo

```
‖:G* Bb5 |           |C*      |                          :‖ Play 4 times
‖:G*      |Bb5       |C*      |                          :‖ Play 4 times
‖:G* Bb5 |      B5  |C*      |                          :‖ Play 3 times
‖:G* Bb5 |      B5  |C*      |N.C.(E)(F*)(F#)(G**)      :‖ Play 4 times
‖:G* N.C. |Bb  N.C. |C* N.C. |C*                        :‖ Play 4 times
‖:G* Bb5 |      B5  |C*      |                          :‖ Play 4 times
‖:G*      |Bb5  C*  |        |                          :‖ Play 6 times
‖:G*      |Bb       |C*      |                          :‖
‖:G5 Bb5 |      C5  |        |                   Bb5    :‖ Play 3 times
 |G5  Bb5 |      C5  |        |          B5 Bb5 A5 |
‖:G*      |Bb       |C*      |                   Bb     :‖ Repeat and fade
```

Hallelujah

Words and Music by
Leonard Cohen

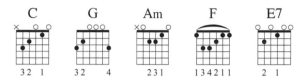

Intro | C | G |

Verse 1
       | C | Am
Now, I've heard there was a secret chord
 | C | Am
That David played, and it pleased the Lord,
  | F | G | C | G
But you don't really care for music, do ya?
 | C | F   G
It goes like this, the fourth, the fifth,
  | Am | F
The minor fall, the major lift.
  | G | E7 | Am |
The baffled king com - posing "Halle - lujah."

Chorus 1

|F | |Am |
Halle - lujah! Halle - lujah!

|F | |C |G |C |G
Halle - lujah! Halle - lu   -   jah!

Verse 2

|C |Am
Your faith was strong, but you needed proof.

|C |Am
You saw her bathing on the roof.

|F |G |C |G
Her beauty and the moonlight over - threw ya.

|C |F   G
She tied you to her kitchen chair,

|Am |F
She broke your throne and she cut your hair,

|G |E7 |Am |
And from your lips she drew the halle - lujah.

Chorus 2

Repeat Chorus 1

Verse 3

|C |Am |
You say I took the Name in vain,

|C |Am
I don't even know the Name,

|F |G |C |G
But if I did, well, really, what's it to ya?

|C |F   G
There's a blaze of light in ev'ry word,

|Am |F
It doesn't matter which you heard,

|G |E7 |Am |
The holy or the broken halle - lujah.

Chorus 3

Repeat Chorus 1

Verse 4

      |C |Am
Spoken: I did my best, it wasn't much.
     |C |Am
I couldn't feel, so I tried to touch.
      |F |G |C |G
I've told the truth, I didn't come to fool ya.
      |C |F   G
And even though it all went wrong,
    |Am |F
I'll stand before the Lord of song
      |G |E7 |Am |
With nothing on my tongue   but "Halle - lujah."

Chorus 4

||: |F |Am |
   Halle - lujah! Halle - lujah!
        |F | |C |G   :||
Halle - lujah! Halle - lu - jah!   ***Repeat and fade***

Friend of the Devil

Words by Robert Hunter
Music by Jerry Garcia and John Dawson

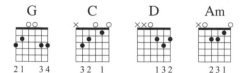

Intro

‖: G |C |G |C   :‖

Verse 1

‖G |C |
I lit up from Reno, I was trailed by twenty hounds.
|G |C |
Didn't get to sleep that night 'til the morning came around.

Chorus 1

‖D
Set out runnin' but I take my time,
|Am |
A friend of the Devil is a friend of mine.
|D |
I get home before daylight
|Am |D | |
Just might get some sleep to - night.

Verse 2

‖G |C |
Ran into the Devil, babe, he loaned ___ me twenty bills.
|G |C |
Spent the night in Utah, in a cave ___ up in the hills.

Chorus 2

Repeat Chorus 1

Verse 3

‖G |C |
I ran down to the levee, but the Dev - il caught me there.
|G |C |
Took my twenty dollar bill and he vanished in the air.

Chorus 3

Repeat Chorus 1

Bridge 1

‖ **D** |
  Got two reasons why I cry away ___ each lonely night.

   | **C**

The first one's name's sweet Anne Marie

         | |

And she's ___ my heart's delight.

| **D** |

  Second one is prison, baby, the sher - iff's on my trail.

   | **Am** |²⁄₄ **C** |⁴⁄₄ **D** | |

And if he catches up with me I'll spend my life in jail.

Verse 4

‖ **G** | **C** |

  Got a wife in Chino, babe, and a one in Cherokee.

| **G** | **C** |

  First one say she got my child but it don't look like me.

Chorus 4   *Repeat Chorus 1*

Guitar Solo

| **G** | **C** | **G** | **C** |

| **D** | **Am** | **D** | **Am** |

| **D** | | |

Bridge 2

‖ **D** |
  Got two reasons why I cry away ___ each lonely night.

   | **C**

The first one's name's sweet Anne Marie

         | |

And she's ___ my heart's delight.

| **D** |

  Second one is prison, babe, and the sher - iff's on my trail.

   | **Am** |²⁄₄ **C** |⁴⁄₄ **D** | |

And if he catches up with me I'll spend my life in jail.

Verse 5   *Repeat Verse 4*

Chorus 5

‖ **D**

I set out runnin' but I take my time,

 | **Am** |

A friend of the Devil is a friend of mine.

| **D** |

  I get home before daylight,

| **Am** | **D**   ‖

Just might get some sleep to - night.

Hey Jude

Words and Music by
John Lennon and Paul McCartney

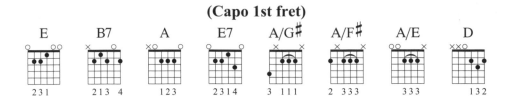

(Capo 1st fret)

Verse 1

|E |B7
Hey Jude, don't make it bad.

| |E
Take a sad song and make it better.

|A |E
Re - member to let her into your heart,

|B7 |E
Then you can start to make it bet - ter.

Verse 2

|E |B7
Hey Jude, don't be afraid.

| |E
You were made to go out and get her.

|A |E
The minute you let her under your skin,

|B7 |E |
Then you be - gin to make it bet - ter.

Bridge 1

|E7 |A
  And anytime you feel the pain,
  A/G♯ |A/F♯
Hey Jude, re - frain.
         |A/E |B7 |E
Don't car - ry the world   upon your shoul - ders.
|E7 |A
  For well you know that it's a fool
     A/G♯ |A/F♯
Who plays it cool
       A/E |B7 |E
By mak - ing his world a little cold - er.
       |E7   B7 | |
Na, na, na, na, na, na, na, na, na.

Verse 3

    |E |B7
Hey Jude, don't let me down.

    | |E
You have found her, now go and get her.
  |A |E
Re - member to let her into your heart,
      |B7 |E |
Then you can start to make it bet - ter.

Bridge 2

```
|E7                    |A
  So let it out and let it in,
   A/G♯      |A/F♯
Hey Jude, be - gin,
              A/E        |B7         E   |      |
You're wait - ing for some - one to per - form with.
|E7                       |A
  And don't you know that it's just you,
  A/G♯        |A/F♯
Hey Jude, you'll do.
    A/E          |B7                    |E
The movement you need is on your should - er.
            |E7     B7        |        |
Na, na, na, na, na,  na, na, na, na. Yeah.
```

Verse 4

```
      |E              |B7
Hey Jude, don't make it bad.
     |                    |E
Take a sad song and make it better.
    |A                    |E
Re - member to let her under your skin,
         |B7              |E
Then you be - gin to make it bet - ter,

                     |           |
Better, better, better, better, better, oh.
```

Outro

```
|:E            |D           |
  Na,   na, na,  na, na, na, na,
|A                |E      :|
Na, na, na, na.   Hey Jude.   Repeat and fade
```

60

Hey There Delilah

Words and Music by
Tom Higgenson

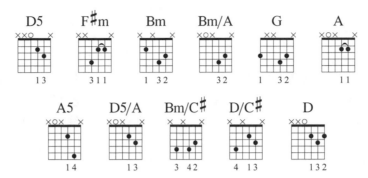

Intro |D5 |F♯m |D5 |F♯m |

Verse 1

|D5 |F♯m
    Hey there, Delilah, what's it like in New York City?
    |D5 |F♯m
I'm a thousand miles away but, girl, tonight ____ you look so pretty.
       |Bm   Bm/A |
Yes, you do.
|G   A |Bm
    Times Square can't shine as bright as you
       |A   A5 |
I swear it's true.
|D5 |F♯m
    Hey there, Delilah, don't you worry about the distance.
    |D5 |F♯m
I'm right there if you get lonely, give this song another listen.
       |Bm   Bm/A |
Close your eyes,
|G   A |Bm/A
    Listen to my voice, it's my dis - guise.
      |A   A5 |
I'm by your side.

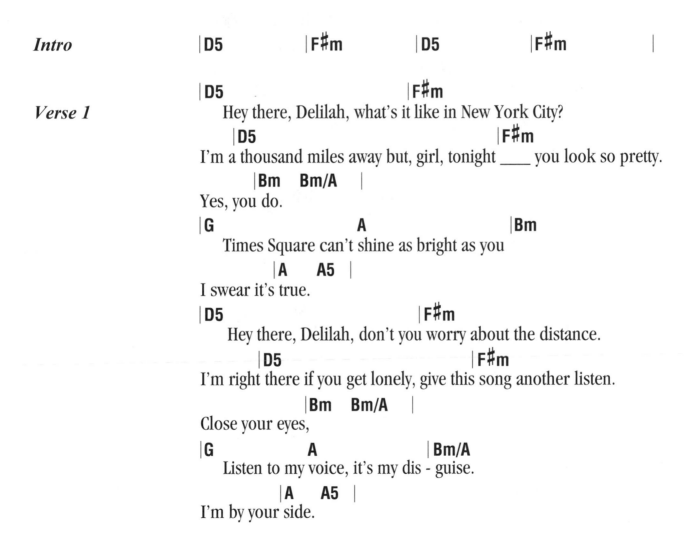

Chorus 1

```
|D5                  D5/A    |Bm  Bm/C♯ |
‖: Oh, it's what you do to me.          :‖ Play 3 times
|D5                  D5/A    |Bm          Bm/C♯  |D5   D5/A  |
 Oh, it's what you do to me, ___ what you do to me.
```

Verse 2

```
|D5                            |F♯m
   Hey there, Delilah, I know times are gettin' hard
                    |D5                              |F♯m
But just believe ___ me, girl, someday I'll pay the bills
                              |Bm    Bm/A  |
With this guitar. We'll have it good.
|G                   A              |Bm
   We'll have the life ___ we knew we would,
             |A       A5   |
My word is good.
|D5                            |F♯m
   Hey there, Delilah, I've got so much left to say.
        |D5                          |F♯m
If ev'ry simple song I wrote to you would take your breath away,
               |Bm    Bm/A   |
I'd write it all.
|G                   A          |Bm
   Even more in love ___ with me you'd ___ fall,
             |A       A5   |
We'd have it all.
```

Chorus 2

```
   |D5                  D5/A    |Bm  Bm/C♯ |
‖: Oh, it's what you do to me.          :‖ Play 3 times
|D5                  D5/A    |Bm   Bm/A   |
 Oh, it's what you do to me.
```

Bridge

|G
A thousand miles seems pretty far,
          |A
But they've ____ got planes and trains and cars.
    |D5   D5/A |Bm   Bm/A
I'd walk to you if I had no other way.
          |G
Our friends would all make fun of us
          |A |D5
And we'll ____ just laugh along because we know
                              D5/C# |Bm   Bm/A
That none of them have felt ____ this way.
    |G |A
De - lilah, I can promise you that by ____ the time we get through
          |Bm |
The world ____ will never ever be the same,
| |A |A5 |
    And you're to blame.

Verse 3

|D5 |F#m
    Hey there, Delilah, you be good and don't you miss me.
          |D5
Two more years and you'll be done with school
    F#m |Bm   Bm/A |
And I'll ____ be makin' hist'ry like I do.
|G   A |Bm   Bm/A |
    You'll know it's all ____ because of you,
|G   A |Bm   Bm/A |
    We can do whatev - er we want   to.
|G   A |Bm
    Hey there, Deli - lah, here's to you,
                        |A |A5 |
This one's for you.

Outro-Chorus

|D5   D5/A |Bm   Bm/C# |
|: Oh, it's what you do to me.   :| *Play 3 times*
D5   D5/A |Bm   Bm/C# |
Oh, it's what you do to me, ____ what you do to me.
|D5   D5/A |Bm   Bm/C#|D5   D5/A |Bm   Bm/C#|
    Ho,   whoa, whoa, oh. Whoa, _____   whoa,
|D5   D5/A |Bm   Bm/C# |D5   D5/A |
    Whoa. _____ Oh. _____
Bm   Bm/C# |D5   D5/A |D |
_____ Oh. _____

High and Dry

Words and Music by Thomas Yorke,
Jonathan Greenwood, Colin Greenwood,
Edward O'Brien and Philip Selway

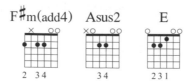

Intro   ‖: F#m(add4) | Asus2 | E | :‖

Verse 1

‖ F#m(add4) | Asus2
    Two jumps in a week, I bet you think ___ that's pretty clever
        | E | |
Don't ___ you, boy?
| F#m(add4) |
    Flying on your motorcycle,
| Asus2 | E |
    Watching all the ground beneath ___ you drop.
| | F#m(add4) |
        You kill ___ yourself for recognition,
        | Asus2 | E |
You kill yourself to never, ev - er stop.
| | F#m(add4) |
        You broke ___ another mirror,
        | Asus2 | E |
You're turning into something you ___ are not.

Chorus 1

| ‖ F#m(add4) |
            Don't leave me high,
| Asus2 | E |
    Don't leave me dry.
| | F#m(add4) |
    Don't leave me high,
| Asus2 | E | |
    Don't leave me dry.

Interlude   ‖ F#m(add4) | Asus2 | E | |

Verse 2

```
‖ F♯m(add4)                  |
   Drying up in conversation,
 |Asus2                    |E       |          |
   You will be the one who can - not talk.
 |F♯m(add4)                  |
   All your insides fall to pieces,
 |Asus2                              |E          |
   You just sit there wishing you could still ___ make love.
 |          |F♯m(add4)
            They're the ones who'll hate you
                 |Asus2              |E              |
   When you think ___ you've got the world all ___ sussed out.
 |          |F♯m(add4)
            They're the ones who'll spit at you,
 |Asus2                 |E          |
   You will be the one scream - ing out.
```

Chorus 2   *Repeat Chorus 1*

Guitar Solo

```
|F♯m(add4)   |Asus2     |E         |            |
|F♯m(add4)   |Asus2     |E         |
```

Verse 3

```
 |                      ‖ F♯m(add4)   |
      Oh, it's the best ___ thing that you ever had,
         |Asus2                   |E         |
The best ___ thing that you ever, ev - er had.
 |          |F♯m(add4)
      It's the best ___ thing that you ever had.
         |Asus2                        |E          |
The best ___ thing you have had has gone ___ away.
```

Chorus 3

```
 |                        ‖ F♯m(add4)   |
      So don't leave me high,
 |Asus2          |E       |
   Don't leave me dry.
 |                      |F♯m(add4)   |
   Don't leave me high,
 |Asus2          |E       |
   Don't leave me dry.
 |                      |F♯m(add4)  |Asus2    |E        |
   Don't leave me high.
 |                      |F♯m(add4)  |
   Don't leave me high.
 |Asus2          |E            ‖
   Don't leave me dry.
```

Ho Hey

Words and Music by
Jeremy Fraites
and Wesley Schultz

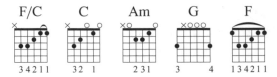

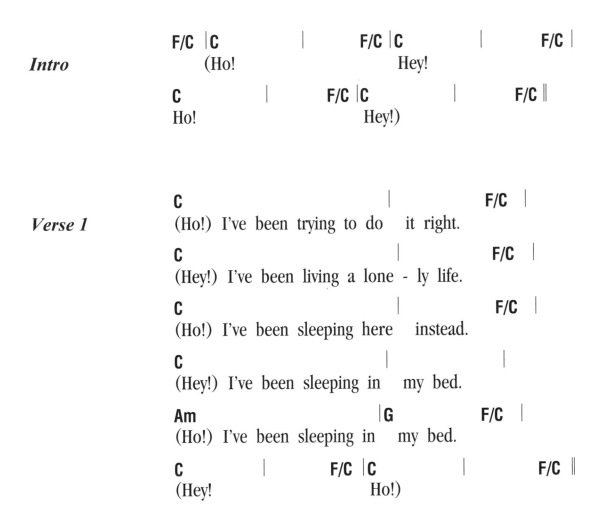

Intro

F/C |C | F/C |C | F/C |
    (Ho!   Hey!

C | F/C |C | F/C ‖
Ho!   Hey!)

Verse 1

C | F/C |
(Ho!) I've been trying to do   it right.

C | F/C |
(Hey!) I've been living a lone - ly life.

C | F/C |
(Ho!) I've been sleeping here   instead.

C | |
(Hey!) I've been sleeping in   my bed.

Am |G   F/C |
(Ho!) I've been sleeping in   my bed.

C | F/C |C | F/C ‖
(Hey!   Ho!)

Verse 2

```
C                          |        F/C  |
(Ho!) So show me fam - ily,
C                              |              F/C  |
(Hey!) All the blood that I    would bleed.
C                              |          F/C  |
(Ho!) I don't know where I    belong.
C                                  |                    |
(Hey!) I don't know where I    went wrong.
Am                    |G        F/C  |
(Ho!) But I can write    a song.
C          |
(Hey! two, three.)
```

Chorus 1

```
            ‖Am              |G
I belong with you, you belong with me;
        |C            |
You're my sweet - heart.
        |Am              |G
I belong with you, you belong with me;
    F/C        ‖
You're my sweet...
```

Interlude

```
C                    | F/C |C                    | F/C |
(Ho!                        Hey!

C                    | F/C |C                    | F/C ||
Ho!                        Hey!)
```

Verse 3

```
C                                    |        F/C |
(Ho!) I don't think you're right    for him.

C                                    |        F/C |
(Hey!) Look at what it might    have been if you

C                            |        F/C  |
(Ho!) Took a bus to Chi - natown.

C                            |            |
(Hey!) I'd be standing on    Canal

Am              |G          F/C |
(Ho!) And Bow - ery.

C            |            |
(Hey!)

Am                              |G          F/C |
(Ho!) And she'd be standing next    to me.

C            |
(Hey! two, three.)
```

Chorus 2

‖**Am** |**G**

I belong with you, you belong with me;

     |**C** |

You're my sweet - heart.

    |**Am** |**G**

I belong with you, you belong with me;

     |**C** |

You're my sweet - heart.

Bridge

    ‖**F** | **C** |**G** |**C**

Love,   we need it now.

      |**F** | **C** |**G** |

Let's hope,   hope for some,

      |**F** | **C** |**G** |**C**

'Cause oh,   we're bleeding out.

Repeat Chorus 1

Outro

C | **F/C**|**C** | **F/C**|

(Ho!   Hey!

C | **F/C**|**C**   ‖

Ho!   Hey!)

Home

Words and Music by
Greg Holden and Drew Pearson

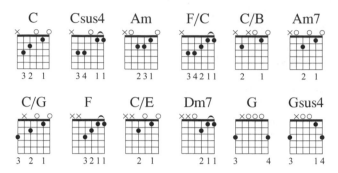

Intro
    C |Csus4 |C |Csus4 ||

Verse 1

|C |Csus4 |C |Csus4
Hold on   to me as we go,

|C |Csus4 |C |Csus4
As we roll down   this unfamiliar road.

     |Am |F/C |C |Csus4
And although this wave   is stringing us along,

|C C/B Am7 C/G |Am |
Just know you're not   alone,

    |F   C/E Dm7 G |C | ||
'Cause I'm gonna make this place your home.

Verse 2

```
           C              |Csus4           |C           |Csus4           |
           Settle down,              it'll all be    clear.

           C                        |Csus4                    |C          |Csus4
           Don't pay no mind to the demons; they fill you with fear.

              |Am                    |F/C
           The trouble, it might drag you down.

                    |C                    |G
           If you get lost, you can always be found.

              |C     C/B   Am7  C/G   |Am                |
           Just know you're not    alone,

                       |F      C/E  Dm7  G   |C              |              ||
           'Cause I'm gonna make this place your   home.
```

Interlude 1

```
           F          |C         |Am          |G              |
           Ooh,                   ooh,

           F          |C         |G           |Gsus4      G        ||
           Ooh.
```

Interlude 2

```
           F          |C         |Am          |G              |
           Ah,                    ah,

           F          |C         |G           |Gsus4      G        ||
           Ah.
```

Repeat Interlude 2

Repeat Verse 2

Repeat Interlude 2 (3x)

I Don't Want to Miss a Thing

from the Touchstone Picture ARMAGEDDON

Words and Music by
Diane Warren

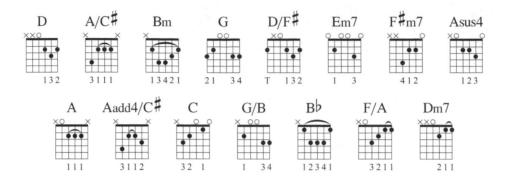

Verse 1

‖D   A/C♯ |Bm

I could stay awake just to hear you breathing,

|G   D/F♯

Watch you smile while you are sleep - ing,

|Em7

While you're far away and dreaming.

|D   A/C♯ |Bm

I could spend my life in this sweet ____ surrender.

|G   D/F♯ |Em7

I could stay lost in this mo - ment for - ever,

|F♯m7   G |Asus4 |

Where ev'ry moment spent with you ____ is a moment I treasure.

Chorus 1

‖D   A/C♯ |

Don't wanna close ____ my eyes,

|Em7

I don't wanna fall asleep

|G   A |

'Cause I'd miss you, baby, and I don't wanna miss a thing.

|D   A/C♯ |

'Cause even when I dream of you,

|Em7

The sweetest dream would never do.

|G

I'd still ____ miss you, baby,

A |D   Aadd4/C♯ |Em7

And I don't wanna miss a thing.

Verse 2

|| D   A/C♯ | Bm

Lying close to you feeling your heart ___ beating

| G   D/F♯

And I'm wond'ring what you're dream - ing,

           | Em7

Wond'ring if it's me you're seeing.

     | D   A/C♯ | Bm

Then I kiss your eyes and thank God we're to - gether.

              | F♯m7   G

I just want to stay with you   in this moment

      | Asus4 |

Forev - er, forever, and ever.

Chorus 2

|| D   A/C♯ |

I don't wanna close ___ my eyes,

| Em7

I don't wanna fall asleep

     | G   A |

'Cause I'd miss you, baby, and I don't wanna miss a thing.

| D   A/C♯

'Cause even when I dream of you,

        | Em7

(Even when I dream.) The sweetest dream would never do.

     | G   A |

I'd still ___ miss you, baby, and I don't wanna miss a thing.

Bridge

| 2/4 D || 4/4 C

And I don't wanna miss one smile.

          | G/B

I don't wanna miss one kiss.

               | B♭

Well, I just wanna be with you right here,

     | F/A

With you just like this.

         | C

I just wanna hold you close.

           | G/B

I feel your heart so close to mine,

       | Dm7

And you'll stay here in this moment

         | Asus4 | A

For all the rest of time. Yeah, (Yeah,) yeah, (yeah,) yeah. (yeah.)

Chorus 3

```
        ‖ D                      A/C♯              |
              Don't wanna close ____ my eyes,
        | Em7
              Don't wanna fall asleep
                | G                              A            |
        'Cause I'd miss you, baby, and I don't wanna miss a thing.
        | D                      A/C♯
              'Cause even when I dream of you,
                      | Em7
        (Even when I dream.) The sweetest dream would never do.
                | G
        I'd still ____ miss you, baby,
                      A                    |
        And I don't wanna miss a thing.
        | D                      A/C♯              |
              I don't wanna close ____ my eyes,
        | Em7
              I don't wanna fall asleep
                | G                              A            |
        'Cause I'd miss you, baby, and I don't wanna miss a thing.
        | Bm                      A/C♯
              'Cause even when I dream of you,
        | Em7
              The sweetest dream would never do.
                | G                              A              |
        But I'd still miss you, baby, and I don't wanna miss a thing.
        | D              A/C♯              |
              Don't wanna close my eyes,
        | Em7                              | G
              I don't wanna fall asleep, ____ yeah,
                      A                |
        And I don't wanna miss a thing.
```

Outro   ‖: D   A/C♯ | Em7 | G   A   :‖ *Repeat and fade*

I Will Wait

Words and Music by
Mumford & Sons

Open D tuning, down 1/2 step:
(low to high) D♭ - A♭ - D♭ - F - A♭ - D♭

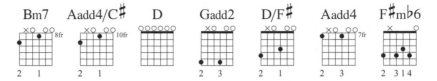

Intro

‖⁴₄ Bm7 | Aadd4/C♯ | D Gadd2 |²₄ D/F♯ |

|⁴₄ Aadd4 | Bm7 | Aadd4/C♯ | D Gadd2 |

|²₄ D/F♯ |⁴₄ Aadd4 |

Verse 1

| ‖D | Gadd2 |
Well, I come ___ home like a ___ stone,

| |D | |Aadd4 |
And I fell heav - y into your arms.

| |D | |Gadd2 |
These days of dust which we've ___ known

| |D | |Aadd4 |
Will blow a - way ___ with this new ___ sun.

Pre-Chorus 1

| ‖Bm7 |Aadd4/C♯ |D
But I'll kneel down,

Gadd2 |²₄ D/F♯ |⁴₄ Aadd4 |
Wait for now.

| |Bm7 |Aadd4/C♯ |D
And I'll kneel down,

Gadd2 |²₄ D/F♯ |⁴₄ Aadd4 |
Know my ground.

Chorus 1

```
|        ‖D          |              |F#m♭6     |
```
And I will wait, I will wait for you.
```
|Aadd4    |D          |              |F#m♭6  |Aadd4     |
```
And I will wait, I will wait for you.

Interlude 1

```
|D          |          |              |
```

Verse 2

```
|              ‖D        |     |Gadd2     |
```
So, break my ___ step   and re - lent.
```
|              |D        |     |Aadd4     |
```
Well, you for - gave ___ and I won't forget.
```
|                   |D        |     |Gadd2     |
```
Know what we've ___ seen,   and him with ___ less.
```
|              |D        |     |Aadd4     |
```
Now, in some way ____ shake the ex - cess.

Chorus 2

```
|        ‖D          |              |F#m♭6     |
```
'Cause I will wait, I will wait for you.
```
|Aadd4    |D          |              |F#m♭6  |
```
And I will wait, I will wait for you.
```
|Aadd4    |D          |              |F#m♭6  |
```
And I will wait, I will wait for you.
```
|Aadd4    |D          |              |F#m♭6  |
```
And I will wait, I will wait for you.

Verse 3

```
|Aadd4        ‖D        |     |Gadd2     |
```
Know I'll be ___ bold   as well as ___ strong,
```
|              |D        |     |Aadd4     |
```
And use my head ____ alongside my ___ heart.
```
|              |D        |     |Gadd2     |
```
So take my ___ flesh   and fix my ___ eyes,
```
|              |D        |     |Aadd4     |
```
A tethered ___ mind ___ freed from the ___ lies.

Pre-Chorus 2

```
|                ||Bm7        |Aadd4/C#      |D
          And I'll      kneel            down,
Gadd2  |²⁄₄D/F#  |⁴⁄₄Aadd4  |
Wait        for      now.
|Bm7       |Aadd4/C#   |D
 I'll         kneel           down,
Gadd2  |²⁄₄D/F#  |⁴⁄₄Aadd4  |            |
Know      my       ground.
```

Interlude 2

```
||D               |   Aadd4/C#  |Bm7            |
|    Gadd2   |²⁄₄D/F#         |⁴⁄₄Aadd4  |
|D               |   Aadd4/C#  |Bm7            |
|    Gadd2   |²⁄₄D/F#     |
```

Bridge

```
|⁴⁄₄Aadd4  ||D        |   Aadd4/C#   |Bm7          |
          Well, raise ___ my _____ hands,
|       Gadd2  |²⁄₄D/F#   |⁴⁄₄Aadd4
          Paint my  spirit      gold.
  |D        |   Aadd4/C#  |Bm7           |
And bow _____my _____ head,
|       Gadd2    |²⁄₄D/F#   |⁴⁄₄Aadd4    |
          Keep my   heart     slow.
```

Chorus 3

```
|            ||D            |              |F#m♭6   |
          'Cause I will wait, I will wait for you.
|Aadd4    |D          |              |F#m♭6   |
          And I will wait, I will wait for you.
|Aadd4    |D          |              |F#m♭6   |
          And I will wait, I will wait for you.
|Aadd4    |D          |              |F#m♭6   |Aadd4      |D        ||
          And I will wait, I will wait for you.
```

I Got You

Words and Music by
Jack Johnson

Open C tuning, 1/2 step down:
(low to high) Cb - Gb - Cb - Gb - Cb - Eb

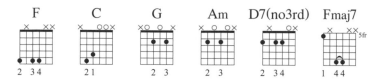

F   C   G   Am   D7(no3rd)   Fmaj7

Intro

‖F |C |F |C |
|F |C |G |

Verse 1

| ‖F |C |
      Back when all ___ my little goals seemed so ___ important,
|F |C |
      Ev'ry pot of gold fillin' full ___ of distortion.
|F |C |G |
      Heaven was a place still in space, not in motion, but soon

Chorus 1

| ‖F |C |
      I got you,   I got ev - 'rything.
        |F |C |F |
I've got you, I don't need ___ nothin' more than you.
      |C |G |
I got ev - 'rything. I've got you.

Verse 2

```
|            ‖F
      We went walkin' through the hills
                |C                          |
Try'n' to pretend ___ that we both know.
|F                                    |C
 Maybe if we save up, we could build ___ a little home.
       |F
But then the hail storm came, it yelled,
            |C                    |G          |
"You need ___ to let go. You got no con - trol." No.
```

Chorus 2

Repeat Chorus 1

Bridge

```
|      ‖Am                    |C
      This weight is too much alone.
     |Am        |C
Some days I can't hold it at all.
     |Am            |C
You take it on for me.
          |D7(no3rd)          |Fmaj7
When to - morrow's too much, I'll carry it all.
     |C            |
I got you.
|                    |D7(no3rd)           |Fmaj7
     Yeah, when to - morrow's too much, I'll carry it all.
     |C            |
I got you.
```

Chorus 3

```
|         ‖F      |C
     I got you,    I got ev - 'rything.
     |F            |C                        |F
I've got you, I don't need ___ nothin' more than you.
     |C              |G        |          |
I got ev - 'rything. I've got you.
```

Outro

```
‖F        |C        |F        |C          |
|F        |C        |G        |          |C          ‖
```

If I Had $1,000,000

Words and Music by
Steven Page and Ed Robertson

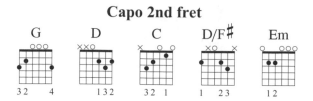

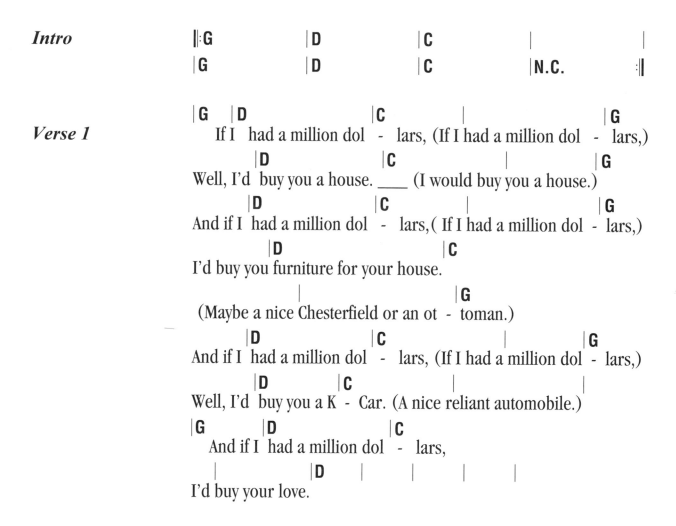

Intro

```
‖: G        | D        | C        |          |          |
   G        | D        | C        | N.C.     |         :‖
```

Verse 1

```
| G  | D              | C                   | G
    If I  had a million dol - lars, (If I had a million dol - lars,)
         | D              | C       |          | G
    Well, I'd  buy you a house. ___ (I would buy you a house.)
         | D              | C       |          | G
    And if I  had a million dol - lars,( If I had a million dol - lars,)
              | D                    | C
    I'd buy you furniture for your house.
                   |                  | G
    (Maybe a nice Chesterfield or an ot - toman.)
         | D              | C       |          | G
    And if I  had a million dol - lars, (If I had a million dol - lars,)
         | D        | C       |          |
    Well, I'd  buy you a K - Car. (A nice reliant automobile.)
| G       | D        | C
    And if I  had a million dol - lars,
         |          | D   |    |    |    |
    I'd buy your love.
```

Chorus 1

```
 |C       |D              |G
      If I  had a million dol  -  lars,
   D/F#          |Em       D         |C
I'd build a tree _____ fort in our yard.
      |D               |G
If I  had a million dol  -  lars,
D/F#              |Em                        |C
You could help, _____ it wouldn't be that hard.
      |D               |G
If I  had a million dol  -  lars,
      D/F#          |Em           D          |C
Maybe we could put a little tiny fridge in there some - where.
                  |D
We could just go up there and hang out.
|G                            |D
 Like open the fridge and stuff, and there'd

Already be foods laid out for us,
    |C                         |
Like little pre-wrapped sausages and things.
                      |G
  Mmm. They have pre-wrapped sausages,
         |D
But they don't have pre-wrapped bacon.
|C                            |N.C.
   Well, can you blame them? Yeah.
```

Verse 2

```
|G    |D              |C                    |                    |G
      If I had a million dol  -  lars, (If I had a million dol  -  lars,)
            |D            |C                  |                  |G
Well, I'd  buy you a fur coat, (But not a real fur coat, that's cruel.)
          |D              |C                  |              |G
And if I had a million dol  -  lars, (If I had a million dol  -  lars,)
            |D                    |C                |            |G
Well, I'd buy you an exotic pet. ___ (Yep, like a llama, or an e - mu.)
          |D              |C                  |              |G
And if I had a million dol  -  lars, (If I had a million dol  -  lars,)
            |D                        |C
Well, I'd  buy you John Merrick's re  -  mains.
                    |                        |G
      (All them cra - zy elephant bones.)
          |D              |C
And if I had a million dol  -  lars,
      |            |D        |        |        |        |
I'd buy your love.
```

Chorus 2

```
|C    |D              |G
      If I had a million dol  -  lars,
      D/F#            |Em      D          |C
We wouldn't have _____ to walk to the store.
    |D                  |G
If I  had a million dol  -  lars,
D/F#      |Em              D          |C
We'd take a limousine 'cause it costs more.
      |D                  |G
If I  had a million dol  -  lars,
      D/F#      |Em    D        |C
We wouldn't have to eat Kraft dinner.
                  |D                            |G
But we would eat Kraft dinner. Of course we would
                          |D
We'd just eat more and buy really expensive ketchups with it.
|C                        |
That's right. All the fanciest Dijon ketchups.
                |G      |D      |C      |N.C.      |
Mmm. Mmm!
```

Verse 3

```
|G   |D              |C                |                        |G
        If I had a million dol  -  lars, (If I had a million dol  -  lars,)
                    |D              |C
        Well, I'd  buy you a green dress.
                    |                                |G
        (But not a real green dress, that's cruel.)
                    |D              |C                |                        |G
        And if I had a million dol  -  lars, (If I had a million dol  -  lars,)
                    |D                      |C                |              |G
        Well, I'd  buy you some art. _____ (A Pi - casso, or a Gar - funkel.)
                    |D                  |C                |                        |G
        And if I  had a million dol  -  lars, (If I had a million dol  -  lars,)
                    |D                  |C
        Well, I'd  buy you a mon  -  key.
                    |                        |
        (Haven't you always wanted a mon - key?)
|G          |D              |C
        And if I  had a million dol  -  lars,
        |                      |D          |              |              |
        I'd buy your love.
```

Outro-Chorus

```
        |C      |D                  |G
            If I  had a million dol  -  lars,
D/F♯ |Em          D          |C
If I      had a mil - lion dol  -  lars,
        |D                  |G
If I  had a million dol  -  lars,
D/F♯ |Em          D          |C
If I      had a mil - ion dol  -  lars,
        |D                      |G  D/F♯ |Em   D  |C          |
If I  had a million dol          -          lars,
|D   N.C.              |G          |C          |G            |
        I'd be rich.
```

Ironic

Lyrics by Alanis Morissette
Music by Alanis Morissette and Glen Ballard

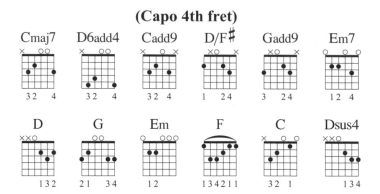

(Capo 4th fret)

Intro

```
‖Cmaj7    |D6add4        |Cmaj7         |
   Hey, I, I, ___ whoa, ho,    I.
```

Verse 1

```
 |  Cadd9       ‖D/F♯  Gadd9  |D/F♯        Em7
         An old     man       turned ninety-eight.
```

```
  |D/F♯           Gadd9  |D/F♯          Em7
He won the lottery ___ and died the next day.
```

```
  |D/F♯      Gadd9  |D/F♯           Em7
It's a ___ black fly in your Chardonnay.
```

```
   |D/F♯       Gadd9   |D/F♯           Em7
It's a death row pardon two minutes too late.
```

Pre-Chorus 1

```
           ‖D/F♯   Gadd9         |D/F♯
And isn't it i - ronic?   *Don't cha think?*
```

Chorus 1

Em7   ‖D   G |D   Em
It's like rain _____ on your wedding day.

             |D   G |D   Em
It's a free ride _____when you've already paid.

             |D   G |D   Em
It's the good advice _____ that you just didn't take.

  |F   C |D   Dsus4
And who would have thought, it figures?

Verse 2

       ‖D/F♯   Gadd9 |D/F♯   Em7
Mister Play It Safe   was a - fraid to fly.

         |D/F♯ Cadd9 |D/F♯   Em7
He packed his suit - case and kissed his kids goodbye.

      |D/F♯   Gadd9 |D/F♯   Em7
He waited his whole damn life _____ to take that flight.

  |D/F♯   Gadd9 |D/F♯   Em7
And as the plane crashed down he thought, "Well isn't this nice?"

Pre-Chorus 2   *Repeat Pre-Chorus 1*

Chorus 2   *Repeat Chorus 1*

Bridge 1

  ‖Cmaj7 |D6add4
Well, life has a funny way of sneaking up on ____ you

                       |Cmaj7 |
When you think ev'rything's okay and ev'rything's going right.

|D6/add4 |Cmaj7 |D6/add4
    And life has a funny way of helping you out ____ when you think

                    |Cmaj7 |
Ev'rything's gone wrong and ev'rything blows up in your face.

Verse 3

|　　　　‖D/F♯　Gadd9　　　　|D/F♯　　Em7
　　　　A traffic　jam when you're already late.

|D/F♯　　Gadd9　　　　　　|D/F♯　　　Em7
A no smoking ___ sign on your cigarette break.

　　　|D/F♯　　　　Gadd9　　　　　　|D/F♯　　　Em7
It's like ten thousand spoons when all you need is a knife.

　|D/F♯　　　　　　　　Gadd9
It's meeting the man of my dreams

　　　　　　|D/F♯　　　　　　　Em7　　　　|
And then meet - ing his beautiful wife.

Pre-Chorus 3

|　　　　　　　‖D/F♯　Gadd9　　　|D/F♯
　　　　And isn't it i - ronic?　*Don't cha think?*

Em7　　　　　|D/F♯　　　Gadd9　　　|D/F♯
　　　A little too ___ ironic,　*and yeah I really do think.*

Chorus 3

Repeat Chorus 1

Bridge 2

‖Cmaj7　|D6add4　　　　　|Cmaj7
　　　　　　　　　And you know life has a funny way

　　　　　　|D6add4
Of sneaking up on you.

　|Cmaj7　　　　　　　　　|D6add4
Ooh, life has a funny, funny way

　　　　　　　|Cmaj7　　　　|　　　|　　　‖
Of helping you out, ___ helping you out.

It's Time

Words and Music by Daniel Reynolds,
Benjamin McKee and Daniel Sermon

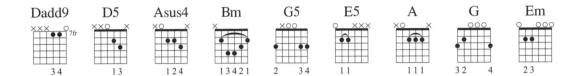

Dadd9   D5   Asus4   Bm   G5   E5   A   G   Em

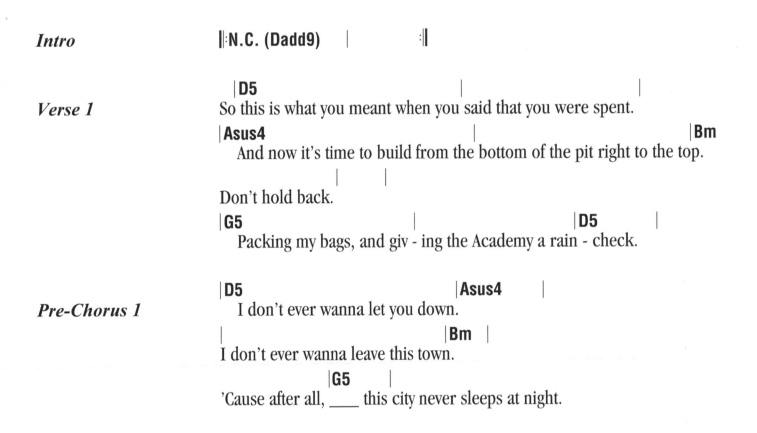

Intro   ‖: **N.C. (Dadd9)** | :‖

Verse 1

  |**D5** | |

So this is what you meant when you said that you were spent.

|**Asus4** | |**Bm**

 And now it's time to build from the bottom of the pit right to the top.

      | |

Don't hold back.

|**G5** | |**D5** |

 Packing my bags, and giv - ing the Academy a rain - check.

Pre-Chorus 1

  |**D5** |**Asus4** |

 I don't ever wanna let you down.

| |**Bm** |

I don't ever wanna leave this town.

     |**G5** |

'Cause after all, ___ this city never sleeps at night.

Chorus 1

```
             |D5                           |
             It's time to begin, isn't it?
             |              |Bm                          |
             I get a little bit bigger, but then, I'll admit,
             |                        |E5       |
             I'm just the same as I was.
             |                             |G5          |                    |
             Now, don't you understand, ___ that I'm never changing who I am?
```

Interlude

```
|D5            |        |Asus4    |              |
|Bm            |        |G5       |
```

Verse 2

```
             |D5                       |              |
             So this is where you fell, and I am left to sell.
             |Asus4                         |
                The path to heaven runs through miles of clouded hell,
                              |Bm
             Right to the top.
                           |        |
             Don't look back.
             |G5                          |                        |D5        |
                Turning to rags, and giv - ing the commodities a rain - check.
```

Pre-Chorus 2

Repeat Pre-Chorus 1

Chorus 2

```
               |D5                  |
           ||: It's time to begin, isn't it?
             |            |Bm                          |
             I get a little bit bigger, but then, I'll admit,
             |                  |E5      |
             I'm just the same as I was.
             |                       |G5        |
             Now, don't you understand, ___ that I'm never changing who I am?   :||
```

Bridge

Bm | |A
This road never looked so lonely.

| |G
This house doesn't burn down slowly

|Em |G5 | Asus4
To ash - es, to ash - es.

Chorus 3

Asus4 |N.C.(D5) |
It's time to begin, isn't it?

| | |
I get a little bit bigger, but then, I'll admit,

| |(E5) |
I'm just the same as I was.

| |(G5) |
Now, don't you understand, ___ that I'm never changing who I am?

|Bm |
It's time to begin, isn't it?

| |A |
I get a little bit bigger, but then, I'll admit,

| |G5 |
I'm just the same as I was.

|E5 |G5 |Asus4 |
Now, don't you understand, ___ that I'm never changing who I am?

Outro

|D5 | | | | ‖

Island in the Sun

Words and Music by
Rivers Cuomo

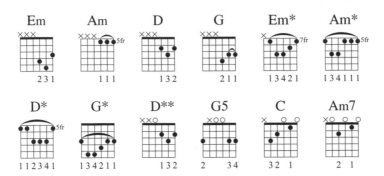

Intro

```
‖:Em      Am    D   |        G          :‖
                              Hip, hip.
‖:Em*  ·  Am*     |D*    G*          :‖
                              Hip, hip.
```

Verse 1

```
|Em* Am*            |D*      G* |Em*
        When you're on ___ a hol - iday,
Am*                 |D*         G*    |Em*
    And you can't find ___ no words ___ to say,
Am*              |D*         G*      |Em*
    All the things ___ that come ___ to you,
Am*           |D*       G*            |
    And I want ___ to feel ___ it too.
```

Chorus 1

```
|Em* Am*      |D*        G*         |Em*
        On an is - land in ___ the sun,
Am*          |D*         G*       |Em*
    We'll be play - ing and hav - ing fun.
Am*          |D*         G*         |Em*
    And it makes ___ me feel ___ so fine
         Am*        |D*        G*   |
I can't ___ control ___ my brain.
```

Interlude 1   ‖:Em*   Am* |D*   G*   :‖
                                                                    Hip, hip.

                          |Em* Am* |D*   G* |Em*
Verse 2   When you're on ___ a gold - en sea,
                          Am* |D*   G* |Em*
                             You don't need ___ no mem - ory,
                          Am* |D*   G* |Em*
                             Just a place ___ to call ___ your own
                          Am* |D*   G* |
                             As we drift ___ into ___ the zone.

Chorus 2   *Repeat Chorus 1*

                          |D** |G5 |
Bridge 1   We'll run a - way together.
                          |D** |G5 |
                             We'll spend some time, forever.
                          |C |Am7 |D** | |
                             We'll never feel bad any - more. Hip, hip.

Interlude 2   *Repeat Interlude 1*

Guitar Solo   *Repeat Verse 1 (Instrumental)*

Chorus 3   *Repeat Chorus 1*

Bridge 2   *Repeat Bridge 1*

                          |Em* Am*|D* G* |Em*   Am* |D*   G* |
Outro   We'll nev - er feel ___ bad an - ymore.
                          |Em* Am*|D* G* |
                                      No, no.
                          |Em* Am*|D* G* | Em*   Am* |D*   G* |
                                      We'll nev - er feel ___ bad an - ymore.
                          |Em* Am*|D* G* |Em* Am* |D* G* |
                                      No, no.   No, no.   **Fade out**

It's Too Late

Words and Music by
Carole King and Toni Stern

(Capo 5th fret)

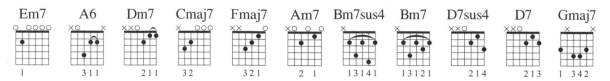

Em7   A6   Dm7   Cmaj7   Fmaj7   Am7   Bm7sus4   Bm7   D7sus4   D7   Gmaj7

Intro

|Em7   A6 | |Em7   A6 | ||

Verse 1

Em7 |A6 |
Stayed in bed all morning just to pass the time.
Em7 |A6 |
   There's something wrong here, there can be no denying.
Em7 |Dm7 |Cmaj7 |
One of us is changing or maybe we just stopped try - ing.

Chorus 1

  ||Fmaj7 |Cmaj7 |
And it's too   late, baby, now it's too late,
     |Fmaj7 |Cmaj7 |
Though we really did try to make   it.
Fmaj7 |Cmaj7 |
Something inside has died   and I can't hide
Am7 |Bm7sus4 |
   And I just can't fake   it.
     Bm7 |Em7   A6 | |Em7   A6 |
Oh,   no,   no, no, no. (No, no, no, no.)

Verse 2

‖Em7 |A6 |

It used to be so easy living here with you.

Em7 |A6

You were light and breezy and I knew   just what to do.

    |Em7 |Dm7 |Cmaj7 |

Now you look so unhappy and I   feel like a fool.

Chorus 2

                    ‖Fmaj7 |Cmaj7

And it's too   late, baby, now it's too late,

          |Fmaj7 |Cmaj7 |

Though we really did try to make   it.

Fmaj7 |Cmaj7 |

Something inside has died   and I can't hide

Am7 |D7sus4 |

   And I just can't fake   it.

Interlude 1

      D7 ‖Gmaj7 |Cmaj7 |Fmaj7 |Em7 |

Oh,   no,   no.

Dm7 |Cmaj7 |Am7 |Bm7sus4 Bm7 |

Em7   A6 | |Em7   A6 | |

Em7   A6 | |Em7   A6 | ‖

Verse 3

Em7 |A6
There'll be good times again for me and you,
      |Em7 |A6
But we just can't stay together; don't you feel it, too?
        |Em7 |Dm7 |Cmaj7 |
Still, I'm glad for what we had   and how I once loved   you.

Repeat Chorus 2

Interlude 2   D7 ||Gmaj7 |Cmaj7 |Fmaj7 |Em7 |
Oh,   no,   no, no, no,   no.
Dm7 |Cmaj7 |Am7 |D7sus4

Outro   D7 ||Gmaj7 |Cmaj7 |Gmaj7 |Cmaj7
It's too late,   ba - by, it's too late,   now, dar - ling,
        |Gmaj7 | ||
It's too late.

Jar of Hearts

Words and Music by Barrett Yeretsian,
Christina Perri and Drew Lawrence

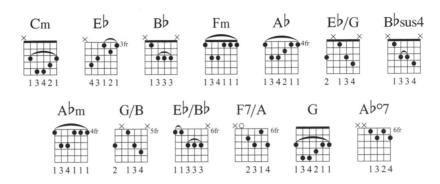

Verse 1

|**Cm** |**E♭** |
I know I can't take one more ____ step towards you,
|**B♭** |**Fm** |
'Cause all that's waiting is re - gret.
|**Cm** |**E♭** |
And don't you know I'm not your ____ ghost anymore,
|**B♭** |**A♭**   **E♭/G** |
You lost the love I loved the most.

Pre-Chorus 1

|**Fm**   **A♭** |**Cm**   **B♭** | |
I learned to live half a - live
|**Fm**   **A♭** |**B♭sus4**   **B♭** |
And now you want me one more ____ time.

Chorus 1

|Eb |Bb |Cm
And who do you think you are, ___ running 'round leaving scars,

          |Ab Abm |Eb
Collecting your jar of hearts ___ and tearing love apart?

          |Bb |Cm
You're gonna catch a cold ___ from the ice inside your soul.

        |Ab Abm |Eb |
So don't come back for me. Who do you think you are?

Verse 2

|Cm |Eb |
I hear you're asking all around

|Bb |Fm |
If I am anywhere to be ___ found.

|Cm |Eb |
But I have grown too strong

|Bb |Ab Eb/G |
To ever fall back in your arms.

Pre-Chorus 2   *Repeat Pre-Chorus 1*

Chorus 2   *Repeat Chorus 1*

Bridge

  |Cm G/B |Eb/Bb F7/A
And it took so long just to feel al - right,

  |Cm   G/B |Eb/Bb F7/A
Re - member how to put back the light in my eyes.

|Cm G/B |Eb/Bb   F7/A
I wish I had missed the first time that we kissed

   |Cm G/B |Eb/Bb F7/A
'Cause you broke all your promis - es.

  |Ab |G |
And now you're back, you don't get to get me back.

Chorus 3

|Eb |Bb |Cm

And who do you think you are, ___ running 'round leaving scars,

          |Ab Abm |Eb

Collecting your jar of hearts ___ and tearing love a - part?

            |Bb |Cm

You're gonna catch a cold ___ from the ice inside your soul.

         |Ab Abm |Eb |

So don't come back for me, don't come back at all.

| |Bb |Cm

And who do you think you are, ___ running 'round leaving scars,

         |Ab Abm |Eb

Collecting your jar of hearts, ___ tearing love a - part?

           |Bb |Cm

You're gonna catch a cold ___ from the ice inside your soul.

        |Ab Abm |Eb |

Don't come back for me, don't come back at all.

Outro

‖: Ab°7 |Eb   :‖

 Who do you think you ___ are?

|Ab°7 |Eb   ‖

 Who do you think you are?

Jesus, Etc...

Words and Music by
Jay Bennett and Jeffrey Scot Tweedy

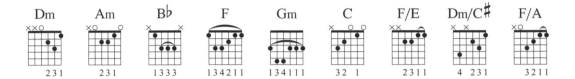

Intro

‖:|Dm |Am |Dm |Am   :‖

Verse 1

‖|Dm |Am |
Jesus, don't cry.

|Dm |B♭ |
You can re - ly on me, honey.

|F |Gm |C |
You can combine ____ anything you want.

|Dm |Am |
I'll be around.

|Dm |B♭ |
You were right ____ about the stars.

|F |Gm |C |B♭ |
Each one ____ is a setting sun.

Chorus 1

```
 ‖F      F/E              |Dm  Dm/C♯      |B♭
         Tall buildings shake, ____ voices escape,
                              |F          C      |
    Singing sad, sad songs ___ tuned to chords
 |F                  F/E      |
    Strung down your cheeks.
 |Dm           Dm/C♯ |B♭                        |F    C    |
    Bitter melo - dies        turning your orbit around.
```

Verse 2

```
 ‖Dm       |Am          |
      Don't cry.
 |Dm                |B♭              |
      You can re - ly on me, honey,
 |F                        |Gm                |C      |
      You can come by ____ anytime you want.
 |Dm                  |Am          |
      I'll be around.
 |Dm          |B♭                  |
      You were right about the stars.
 |F           |Gm              |C      |B♭      |
      Each one ___ is a setting sun.
```

Chorus 2

Repeat Chorus 1

Bridge 1

```
 ‖B♭              |F          |
      Voices whine.
 |B♭                        |F          C      |
      Skyscrapers are scrap - ing togeth - er.
            |B♭              |F        F/E    |
 Your voice ___ is smoking last ciga - rettes
    |Dm          Dm/C♯ |B♭                      |F    C    |
 Are all you can get,        turning your orbit around.
```

Verse 3

‖**Dm** |**Am** |**Dm** |**B♭** |
Our love, ____ our love,

|**F** |**Gm** |**C** |
Our love ____ is all we have.

|**Dm** |**Am** |**Dm** |**B♭** |
Our love, ____ our love is all God's money.

|**F** |**Gm** |**C** |**B♭** |
Ev'ryone ____ is a burning sun.

Chorus 3   *Repeat Chorus 1*

Bridge 2

‖**B♭** |**F** |
  Voices whine.

|**B♭** |**F**   **C**
  Skyscrapers are scrap - ing togeth - er.

     |**B♭** |**F**   **F/E**
Your voice ____ is smoking last ciga - rettes

  |**Dm**   **Dm/C♯** |**B♭** |**F** **F/E** |
Are all you can get,   turning your orbit around.

|**B♭** |**F**   **F/E** |
 Last cigarettes are all you can get.

|**B♭** |**F** **F/E** |
 Turning your orbit around.

|**B♭** |**F/A** |
 Last cigarettes are all you can get.

|**B♭** |**F**   ‖
 Turning your orbit around.

Knockin' on Heaven's Door

Words and Music by
Bob Dylan

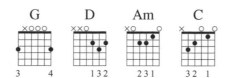

Verse 1

    G   **D**   **|Am**   **|**
Mama, take   this badge from me.

    G   **D**   **|C**   **|**
I can't use   it any more.

    G   **D**   **|Am**   **|**
It's gettin' dark,   too dark to see.

    G   **D**   **|C**   **‖**
Feels like I'm knockin' on heaven's door.

Chorus

    G   **D**   **|C**   **|**
Knock, knock, knockin' on heaven's door.

    G   **D**   **|C**   **|**
Knock, knock, knockin' on heaven's door.

    G   **D**   **|C**   **|**
Knock, knock, knockin' on heaven's door.

    G   **D**   **|C**   **‖**
Knock, knock, knockin' on heaven's door.

Verse 2

    G   **D**   **|Am**   **|**
Mama, put   my guns in the ground.

    G   **D**   **|C**   **|**
I can't shoot   them any more.

    G   **D**   **|Am**   **|**
That cold black cloud is comin' down.

    G   **D**   **|C**   **‖**
Feels like I'm knockin' on heaven's door.

Repeat Chorus (2x)

Learn to Fly

Words and Music by Taylor Hawkins,
Nate Mendel and Dave Grohl

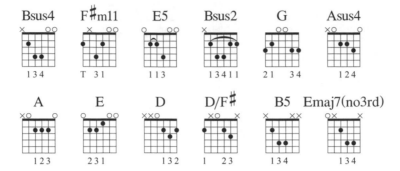

Intro

‖: Bsus4　　|F#m11　|E5　　　|　　　　　:‖

Verse 1

‖Bsus2　　　　　|F#m11　　　|

Run and tell all of the an - gels,

|E5　　　　　　|　　|

This could take all night.

|Bsus2　　　　　|F#m11　　　　|E5　|　　|

Thinkin' it in time will help ___ me get things right.

|Bsus2　　　　　|F#m11　　|

Hook me up with a new revolu - tion,

　　|E5　　　|

'Cause this one is a lie.

|　　‖Bsus2　　　　|F#m11　　|E5　|

I sat around laughing and watched ___ the last one die.

Chorus 1

|　　‖Bsus4　　　|F#m11　|

Yeah, I'm lookin' to the sky to save ___ me,

|E5　　　　　|

Lookin' for a sign of life.

|　　|Bsus4　　　　|F#m11　　|E5　|

I'm lookin' for somethin' to help ___ me burn out bright.

|　　|Bsus4　　|F#m11　|

I'm lookin' for a complica - tion,

|E5　　　|　　|

Lookin' 'cause I'm tired of ly - in'.

|G　　　　|Asus4　　A　|

Make my way back home ___ when I learn to fly…

Interlude

```
 ‖Bsus4      |F#m11     |E5        |          |
  High.
 |Bsus4      |F#m11     |E5        |
```

Verse 2

```
 |       ‖Bsus2              |F#m11      |
         I think I'm dyin' nursing pa - tience,
 |E5                   |          |
  It can wait one night.
 |Bsus2              |F#m11              |E5     |      |
  Give it all away if you give ___ me one last try.
 |Bsus2          |F#m11      |
  We'll live happily ev - er trapped
          |E5              |        |
  If you ___ just save my life.
 |Bsus2                  |F#m11        |E5     |
  Runnin' down the angels and ev - 'rything's all ___ right.
```

Chorus 2

```
 |       ‖Bsus4              |F#m11      |
         I'm lookin' to the sky to save ___ me,
 |E5                    |
  Lookin' for a sign of life.
 |       |Bsus4                |F#m11              |E5      |
  I'm lookin' for somethin' to help ___ me burn out bright.
 |       |Bsus4            |F#m11        |
  I'm lookin' for a complica - tion,
 |E5                       |          |
  Lookin' 'cause I'm tired of try - in'.
 |G                   |Asus4     A      |E         |
  Make my way back home ___ when I learn to fly high.
 |G                   |Asus4     A      |
  Make my way back home ___ when I learn to...
```

Bridge

```
 ‖:Bsus4      |G
   Fly along ___ with me,
          |D                    |E    D/F#   |
  I can't ___ quite make it alone.
 |G                |Asus4        A  :‖
  Try to make this life ___ my own.
```

103

Chorus 3

```
 ‖Bsus4                       |F#m11      |
```
I'm lookin' to the sky to save ___ me,
```
 |E5                      |
```
Lookin' for a sign of life.
```
 |    |Bsus4                      |F#m11               |E5      |
```
I'm lookin' for somethin' to help ___ me burn out bright.
```
 |    |Bsus4                   |F#m11      |
```
I'm lookin' for a complica - tion,
```
 |E5                      |      |
```
Lookin' 'cause I'm tired of try - in'.
```
 |G                      |Asus4       A      |
```
Make my way back home ___ when I learn to…

Chorus 4

```
 ‖Bsus4                      |F#m11       |
```
Lookin' to the sky to save ___ me,
```
 |E5                      |
```
Looking' for a sign of life.
```
 |    |Bsus4                      |F#m11               |E5      |
```
I'm lookin' for somethin' to help ___ me burn out bright.
```
 |    |Bsus4                   |F#m11      |
```
I'm lookin' for a complica - tion,
```
 |E5                      |      |
```
Lookin' 'cause I'm tired of try - in'.
```
 |G                      |Asus4       A       |E      |
```
Make my way back home ___ when I learn to fly high.
```
 |G                      |Asus4       A       |E      |
```
Make my way back home ___ when I learn to fly.
```
 |G                      |Asus4       A      |
```
Make my way back home ___ when I learn to…

Outro

```
 |Bsus2   |      |      |      |
 |B5    Emaj7(no3rd)    Bsus2    ‖
```

Let It Go

from Disney's Animated Feature FROZEN

Music and Lyrics by
Kristen Anderson-Lopez and Robert Lopez

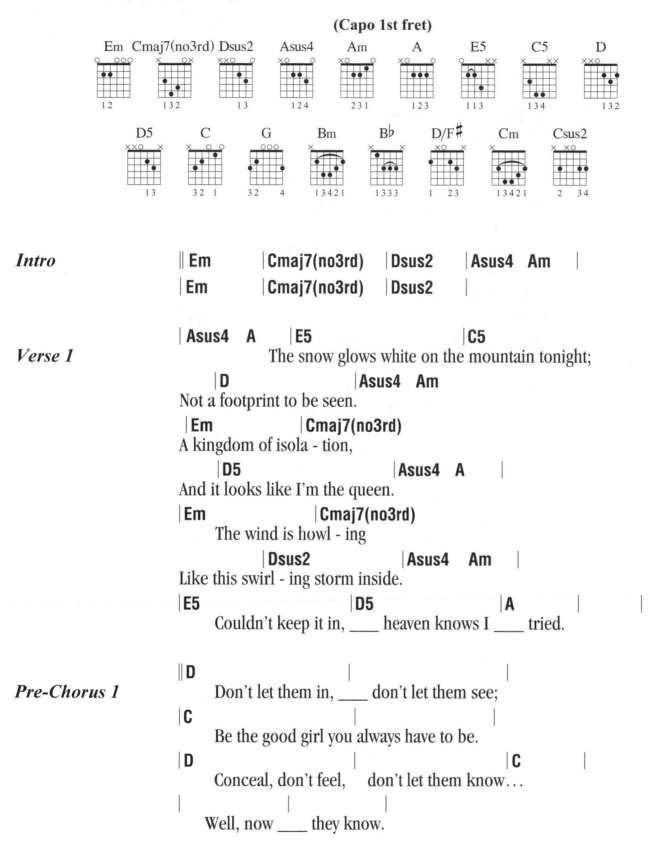

(Capo 1st fret)

Intro

```
|| Em        |Cmaj7(no3rd)  |Dsus2        |Asus4    Am   |
|  Em        |Cmaj7(no3rd)  |Dsus2        |
```

Verse 1

```
|Asus4   A    |E5                          |C5
                 The snow glows white on the mountain tonight;
      |D                    |Asus4    Am
Not a footprint to be seen.
      |Em                   |Cmaj7(no3rd)
A kingdom of isola - tion,
      |D5                   |Asus4    A      |
And it looks like I'm the queen.
|Em                   |Cmaj7(no3rd)
      The wind is howl - ing
           |Dsus2              |Asus4    Am    |
Like this swirl - ing storm inside.
|E5                   |D5              |A       |          |
      Couldn't keep it in, ___ heaven knows I ___ tried.
```

Pre-Chorus 1

```
||D                  |                    |
      Don't let them in, ___ don't let them see;
|C                   |                    |
      Be the good girl you always have to be.
|D                   |                |C      |
      Conceal, don't feel,    don't let them know…
|           |           |        |
      Well, now ___ they know.
```

Chorus 1

```
|   N.C.      ‖G          |D
    Let it go, ____ let it go,
 |Em                      |C
Can't hold it back anymore.
             |G          |D
Let it go, ____ let it go,
             |Em          |C          |
Turn away ____ and slam the door.
|G           |D           |Em          |C
 I don't care ____ what they're going to say.
        |Bm          |B♭
Let the storm rage on
   |C5                     |          |G        |D/F♯      |
The cold never bothered me an - yway.
```

Verse 2

```
         ‖Em                    |C
         It's funny how some dis - tance
            |D               |Am
Makes ev'rything seem small,
            |Em               |D
And the fears that once controlled ____ me
         |Asus4      |A          |
Can't get to me at all.
```

Pre-Chorus 2

```
         ‖D                |             |
         It's time to see ____ what I can do,
|C                  |                    |D
    To test the lim - its and break through.
                    |           |C        |        |
No right, no wrong, ____ no rules for me, ____ I'm free!
```

Chorus 2

| N.C. ‖ G | D
Let it go, ___ let it go,

|Em |C
I am one with the wind and sky.

|G |D
Let it go, ___ let it go,

|Em |C |
You'll nev - er see me cry.

|G D | |Em |C
Here I stand, and here I'll stay,

|Bm B♭ | |
Let the storm rage on.

Interlude

‖ N.C.(C) | | | |

Bridge

‖ N.C.(C) | | | |
My power flur - ries through the air ___ into the ground.

| | | | |
My soul is spi - raling in fro - zen fractals all ___ around.

|(D5) | | | |
And one thought crys - tallizes like ___ an icy blast;

|E |Cmaj7(no3rd) |D |Am |
I'm never go - ing back. The past is in the past!

Chorus 3

|C N.C. ‖ G | D
Let it go, ___ let it go,

|Em |C
And I'll rise ___ like the break of dawn.

|G |D
Let it go, ___ let it go,

|Em |C |
That per - fect girl is gone.

|G D | |Em C | |
Here I stand in the light of day,

|Cm |Bm B♭ | |
Let the storm rage on.

| |Csus2 | | ‖
The cold never bothered me an - yway.

Let Him Fly

Words and Music by
Patty Griffin

Drop D tuning:
(low to high) D-A-D-G-B-E

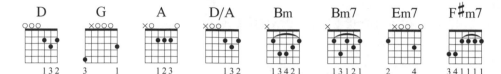

Intro

|D | | | |
|G | | |

Verse 1

G |D | | |
Ain't no talking to this man, ain't no pretty other side.

| |G | |
Ain't no way ____ to understand the stupid words of pride.

| |A   D/A   A |G
It would take ____ an acrobat ____ and I ____ already tried all that

A |D G |D |
So   I'm gonna let him fly,   gonna let him fly.

Verse 2

| |D |
And things can move ____ at such a pace.

| | |
The second hand just waved goodbye.

| |G
You know the light ____ has left his face,

| | |
But you can't recall just where or why.

| |A   D/A   A |
So there was real - ly nothing to it.

|D/A |G   A |
I just went and cut ____ right through it.

| |D G | |D |
I said I'm gonna let him ____ fly. ____ Oo, yeah, yeah, yeah.

Bridge

|D |G |A

There's no mercy in a live ____ wire,

   |Bm |A   Bm   Bm7 |G

No rest at all in freedom _____ of choic - es we are given.

   |Em7 |Bm7 |A   Bm   Bm7

It's ____ a, no choice ____ at all.   Oh,   huh.

   |G |A   D | |Bm |F♯m7 | |

The proof is in the fire _____ you touch before it moves a - way,   yeah,

|Em7 | A | D A |

But you must always know how long to stay and when to go.

Verse 3

|A |D | | |

And there ain't no talking to this man. He's been try - ing to tell me so.

| |G | |Bm |

Took awhile ____ to understand the beauty of just letting go.

| |G | |Em7

'Cause it would take ____ an acrobat and I already tried all that

|A   D | G |D

So   I'm gonna let him ____ fly.

Outro

G | |D G | D G | |D G |

I'm gonna let him fly, fly. Whoa, ____ I'm gonna let him fly, fly.

   |D   G | |D | ‖

Oh, ____ I'm, ____ I'm gonna let him fly.

Life by the Drop

Words and Music by
Barbara Logan and Doyle Bramhall

A7 **A5** **E5** **F♯m** **D5** **D7(no3rd)** **E**

Intro
    ‖ **N.C.(A7)** | | **A5** | |

Verse 1
    ‖ **A5** | **E5** | |
    Hello in there, my ____ old friend.
    | **F♯m** | **D5** | |
    Not so long ago it was till the end.
    | **A5** | **E5** | |
    We played outside in the pour - in' rain.
    | **F♯m** | **D5** | |
    On our way up the road, we started over again.

Chorus 1
    ‖ **F♯m** | **D5**   **E5** | |
    You're livin' out dreams of ____ you on top.
    | **F♯m** | **D5**   **E5** | |
    My mind is achin', Lord, ____ it won't stop.
    | **F♯m**   **D7(no3rd)** | **E**   **A5** | | |
    That's how it happened   livin' life by the drop.

Verse 2

```
‖A5                                    |E5                 |
     Up and down that road in our worn ___ out shoes.
|F♯m                         |D5              |
     Talking 'bout good things and singin' the blues.
|A5                          |E5                  |
     You went your way, and I ___ stayed behind.
|F♯m                    |D7(no3rd)        |
     We both knew it was just a matter of time.
```

Chorus 2   *Repeat Chorus 1*

Verse 3

```
‖A5                          |E5              |
     No waste of time we're allowed ___ today.
|F♯m                         |D7(no3rd)    |
     Churnin' up the past, there's no easier way.
|A5                          |E5                |
     Time's been between us, a means ___ to an end.
|F♯m                              |D5               |
     God, it's good to be here walkin' to - gether, my friend.
```

Chorus 3

```
‖F♯m                 |N.C.      |F♯m                         |
     Livin' out dreams.                 My mind stopped achin'.
|N.C.    |F♯m              D7(no3rd)      |
          That's how it happened livin'
|E          A5       |          |          |
Life by the drop.
|F♯m              D7(no3rd)  |E         A5    |          |          |
     That's how it happened livin' life by the drop.
|F♯m              D7(no3rd)  |E         A5    |       ‖
     That's how it happened livin' life by the drop.
```

Little Lies

Words and Music by
Christine McVie and Eddy Quintela

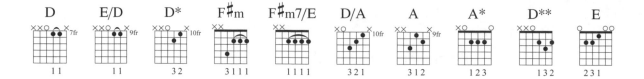

Intro

‖D E/D |D* E/D |D E/D |D* E/D |

|D E/D |D* E/D |D E/D |D* |

Verse 1

‖F#m | |
     If I could turn ___ the page   in time
     |F#m7/E |D   E/D |
Then I'd rearrange just a day or two.
|D*   E/D |D*   D/A |A |
     (Close ___ my, close ___ my, close ___ my eyes.)
|F#m | |
     But I couldn't find ___ a way,   so I'll settle
F#m7/E | |D   E/D |
For _____ one day to be - lieve in you.
|D*   E/D |D*   D/A | |
     (Tell ___ me, tell ___ me, tell ___ me lies.)

Chorus 1

‖F#m |A* |
     Tell me lies, tell me sweet little lies.
|D** |E |
     (Tell me lies. ___ Tell me, tell me lies.)
|F#m |A* |
     Oh, no, no, you can't disguise.
|D** |E |
     (You can't disguise. ___ No, you can't disguise.)
|F#m |A |D** |E |
     Tell me lies, tell me sweet little lies.

Verse 2

```
||F#m                        |                  |
      Although I'm not mak - ing plans
|                           F#m7/E  |
      I hope that you un    -      derstand
           |D          E/D          |
      There's a reason why.
|D*              E/D       |D*              D/A          |A        |
      (Close your ___, close ___ your, close ___ your eyes.)
|F#m                      |              |
      No more bro - ken hearts,
|                           F#m7/E  |
      We're better off _____ apart.
           |D          E/D          |
      Let's give it a try.
|D*         E/D          |D*          D/A        |A         |
      (Tell ___ me, tell ___ me, tell ___ me lies.)
```

Chorus 2   *Repeat Chorus 1*

Interlude   *Repeat Intro*

Verse 3   *Repeat Verse 1*

Chorus 3

```
||F#m                    |A*               |
      Tell me lies, tell me sweet little lies.
|D**                |E                          |
      (Tell me lies. ___ Tell me, tell me lies.)
|F#m              |A                    |
      Oh, no, no, you can't disguise.
|D**                        |E                      |
      (You can't disguise. ___ No, you can't disguise.)
|F#m                    |A*               |
      Tell me lies, tell me sweet little lies.
|D**                |E                          |
      (Tell me lies. ___ Tell me, tell me lies.)
|F#m              |A*                   |
      Oh, no, no, you can't disguise.
|D**                        |E                      |
      (You can't disguise. ___ No, you can't disguise.)
|F#m                      |A*                 |
      Tell me lies, tell me sweet little lies.
|D**    |E
            (Tell me, tell me lies.)  Fade out
```

Lucky Man

Words and Music by
Greg Lake

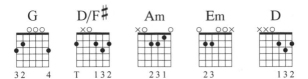

Intro
‖G |D/F♯ |G |D/F♯ |

Verse 1
‖G |D/F♯ |G |D/F♯ |
He had white horses and ladies by the score,
|G |D/F♯ |G |D/F♯ |
All dressed in satin and waiting by the door.

Chorus 1
‖Am |Em |D | |
Oo, what a lucky man he was.
|Am |Em |D | |
Oo, what a lucky man he was.

Verse 2
‖G |D/F♯ |G |D/F♯ |
White lace and feathers, they made up his ___ bed;
|G |D/F♯ |G |D/F♯ |
A gold covered mattress on which he was ___ laid.

Chorus 2   *Repeat Chorus 1*

Guitar Solo   ‖:G |D/F# |G |D/F# :‖
           (Ah, _____ ah.
         ‖:Am |Em |D | :‖
          Ah.)

         ‖G |D/F# |G |D/F#
Verse 3   He went to fight wars for his country and his king.
          |G |D/F# |G |D/F# |
         Of his honor and his glory the people would ___ sing.

Chorus 3   *Repeat Chorus 1*

         ‖G |D/F# |G |D/F#
Verse 4   A bullet had found him, his blood ran as he cried.
          |G |D/F# |G |D/F# |
         No money could ___ save him, so he laid down and he died.

Chorus 4   *Repeat Chorus 1*

Guitar Solo   ‖:Am |Em |D | :‖ ***Repeat and fade***
          (Ah.) _____

The Magic Bus

Words and Music by
Peter Townshend

Tune down 1/2 step:
(low to high) Eb - Ab - Db - Gb - Bb - Eb

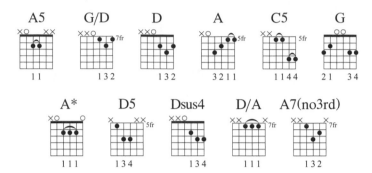

Intro

```
|N.C.       |         |A5         |           |
|          |G/D   D  |A          |C5    G/D |
|A         |C5    G/D|A          |G/D    D  |
|A      G  |      D  |A          |C5    G/D |
```

Verse 1

```
|A          |C5   G/D   D |
Ev'ry day I get in the queue
|A*         |G         D
(Too much, the magic bus.)
   |A                    |C5    G/D    D |
To get on the bus that takes ___ me ___ to you.
|A*         |G         D |
(Too much, the magic bus.)
|A              |G/D   D   |A*      |
I'm so nervous, I ___ just sit and smile.
|               |G         D |
(Too much, the magic bus.)
|            |A          |G/D   D |
Your house ___ is only an - other mile.
|A*         |G         D |
(Too much, the magic bus.)
```

```
                   |A                    |C5      G/D  D        |
Verse 2             Thank you, driver, for getting me   here.
                   |A*            |G         D
                   (Too much, the magic bus.)
                          |A                    |C5      G/D  D  |
                    You'll be an inspector, have ___  no___   fear.
                   |A*             |G         D  |
                   (Too much, the magic bus.)
                   |A                 |G/D       D
                    I don't wanna cause ___  no fuss,
                   |A            |G       D      |
                   (Too much, the magic bus.)
                      |A              G/D    D      |
                   But can I buy your magic bus?
                   |A*             |G         D    |
                   (Too much, the magic bus.)


Interlude          |A5             |            |N.C.         |             |
                   |A5             |            |             |      D5     |
                   |A              |            |A*           |C5   G/D     |
```

Verse 3

```
|A                    |G/D    D   |
I don't care how much ____ I pay.
|A          |C5      G/D
   (Ride the magic bus.)
         |A              |Dsus4    D   |
I wanna drive my bus to my baby each day.
|A        |G      D   |
   (Ride the magic bus.)
|A       |C5   G/D |A       |C5   G/D |
|A    |       |N.C.     |        |       |      |
      I want it, I want it, I want it, I want it, you can't have it.
|       A5    |
I want ____ it.                              |
|N.C.                  |        |A5     |      |
   Thruppence and sixpence every day.
|N.C.              |    |A5    |      |
   Just to drive to my baby.
|N.C.                  |        |A    D/A |A7(no3rd)
   Lover drives six miles each day.
       D/A |    A      D/A     A7(no3rd) D/A  |A   D/A |G/D       |
'Cause  I   drive my ba - by ever - y way.
```

Outro

```
|A   |C5      G/D       |
   Oh, magic bus.
||: A            |G/D   D :||  Play 10 times
   (Magic bus.)
||: A            |G/D   D :||  Repeat and fade (w/ voc. ad lib.)
```

118

Man on the Moon

Words and Music by William Berry,
Peter Buck, Michael Mills and Michael Stipe

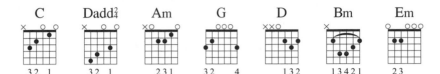

Intro   ‖: C | Dadd⅔ | C | :‖

Verse 1   ‖ C | Dadd⅔ |
Mott the Hoople and the game of life.
| C | |
　Yeah, yeah, yeah, yeah.
| | Dadd⅔ |
Andy Kaufman in the wrestling match.
| C |
　Yeah, yeah, yeah, yeah.
| | Dadd⅔ |
Mo - nopoly, twenty-one, checkers and chess.
| C | |
　Yeah, yeah, yeah, yeah.
| | Dadd⅔ |
Mister Fred Blassie in a breakfast mess.
| C | |
　Yeah, yeah, yeah, yeah.
| | Dadd⅔ |
Let's play Twister, let's ___ play Risk.
| C | |
　Yeah, yeah, yeah, yeah.
| | Dadd⅔ |
See you in heaven if you make the list.
| C |
　Yeah, yeah, yeah, yeah.

Pre-Chorus 1

| ‖**Am** |**G** |

Now, Andy, did you hear about this one?

|**Am** |**G**

Tell me are you locked in the punch?

   |**Am** |**G**

Hey Andy, are you goofing on El - vis?

      C |**D** | |

Hey, baby,   are we losing touch?

Chorus 1

‖**G**   **Am** |**C**   **Bm** |**G**

 If you believed, ___   they put a man on the moon,

Am |**D** |

Man on the moon.

|**G**   **Am** |**C**   **Bm** |

 If you believe ___   there's noth - ing up his sleeve,

|**Am** | |

  Then nothing is cool.

Verse 2

‖**C** |**Dadd⁴⁄₇** |

 Moses went walking with the staff of wood.

|**C** | |

  Yeah, yeah, yeah, yeah.

| |**Dadd⁴⁄₇** |

Newton got beaned by the apple good.

|**C** | |

  Yeah, yeah, yeah, yeah.

| |**Dadd⁴⁄₇** |

Egypt was troubled by the horrible asp.

|**C** | |

  Yeah, yeah, yeah, yeah.

| |**Dadd⁴⁄₇** |

Mister Charles Darwin had the gall to ask.

|**C** |

  Yeah, yeah, yeah, yeah.

Pre-Chorus 2

| ‖**Am** |**G**

Now, Andy, did you hear about this one?

|**Am** |**G**

 Tell me are you locked in the punch?

   |**Am** |**G**

Hey Andy, are you goofing on El - vis?

      C |**D** | |

Hey, baby,   are you having fun?

Chorus 2

Repeat Chorus 1

Guitar Solo 1

‖ Em | D | Em | D |
| Em | D | | |

Verse 3

‖ C | Dadd$^{2}_{4}$ |
Here's a little agit for the never believer.
| C | |
Yeah, yeah, yeah, yeah.
| | Dadd$^{2}_{4}$ |
Here's a little ghost for the offering.
| C | |
Yeah, yeah, yeah, yeah.
| | Dadd$^{2}_{4}$ |
Here's a truck stop instead ___ of St. Peters.
| C | |
Yeah, yeah, yeah, yeah.
| | Dadd$^{2}_{4}$ |
Mister Andy Kaufman's gone wrestling.
| C |
Yeah, yeah, yeah, yeah.

Pre-Chorus 3 *Repeat Pre-Chorus 1*

Chorus 3 *Repeat Chorus 1*

Guitar Solo 2 *Repeat Guitar Solo 1*

Chorus 4

‖: G Am | C Bm | G
If you believed, ___ they put a man on the moon,
Am | D |
Man on the moon.
| G Am | C Bm |
If you believe ___ there's noth - ing up his sleeve,
| Am | :‖ ***Play 3 times***
Then nothing is cool.
| Em ‖

Mean

Words and Music by
Taylor Swift

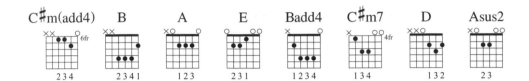

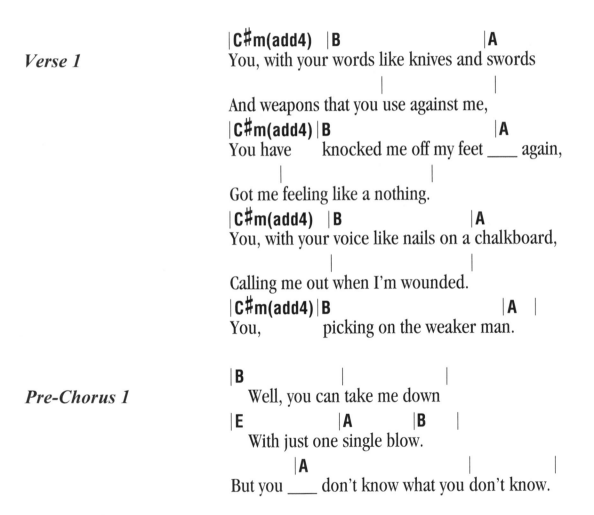

Verse 1

|C#m(add4) |B |A
You, with your words like knives and swords

And weapons that you use against me,
|C#m(add4) |B |A
You have   knocked me off my feet ___ again,

Got me feeling like a nothing.
|C#m(add4) |B |A
You, with your voice like nails on a chalkboard,

Calling me out when I'm wounded.
|C#m(add4) |B |A |
You,   picking on the weaker man.

Pre-Chorus 1

|B | |
    Well, you can take me down
|E |A |B |
    With just one single blow.
                      |A | |
But you ___ don't know what you don't know.

Chorus 1

```
|E          |Badd4 |C#m7              |A
Someday, I'll be    living in a big ol' city,
    |E        |Badd4            |A        |
And all you're ever gonna be is mean.
|E          |Badd4 |C#m7                    |A
Someday, I'll be    big enough so you can't hit me,
    |E        |Badd4            |A        |
And all you're ever gonna be is mean.
|     N.C.              |E          |D  E  |
Why you gotta be so ____ mean?
```

Verse 2

```
|C#m7        |Badd4
You, with your switching sides
        |A                    |              |
And your wildfire lies and your humiliation,
|C#m7  |Badd4              |A
You have pointed out my flaws ____ again
    |          N.C.          |
As if I don't al - ready see them.
C#m              |Badd4
  I walk with my ____ head down
        |B                  |              |
Tryin' to block you out 'cause I'll never impress you.
|C#m7 |Badd4          |A        |
I just    wanna feel okay ____ again.
```

Pre-Chorus 2

```
|Badd4              |                 |
   I bet you got pushed around,
|E          |A               |
   Somebody made you cold.
|Badd4           |
   But the cycle ends right now,
               |A                 |
'Cause you ___ can't lead me down that road
      |                 |      N.C.     |
And you don't know what you don't ___ know.
```

Chorus 2

```
|E        |Badd4 |C#m7            |A
Someday, I'll be   living in a big ol' city,
    |E        |Badd4         |A        |
And all you're ever gonna be is mean.
|E        |Badd4 |C#m7                    |A
Someday, I'll be   big enough so you can't hit me,
    |E        |Badd4         |A        |
And all you're ever gonna be is mean.
|                        |E        |     |D  E |Badd4 |
Why you gotta be so ___ mean?
```

Mandolin Solo

```
|Asus2      |   Badd4   |Asus2      |            |
```

Bridge

```
|             |Badd4           |          |
And I can see you years from now in a bar,
|E             |A               |
   Talking over a football game,
|Badd4          |                 |E      |A       |
   With that same big loud opinion but    nobody's listening.
|Badd4             |              |C#m7  |Badd4 |Asus2 |
   Washed up and rant - ing about the same old bitter    things.
|Badd4             |              |C#m7  Badd4 |Asus2  |
Drunk and grumblin' on about how I       can't   sing.
```

Interlude

```
|                   |E          |Badd4 C♯m7  |
But all you are is ___ mean.
|A          |E          |Badd4
All you are is mean and a liar
       |C♯m7        |A
And pa - thetic and a - lone in life
       |E          |Badd4     |C♯m7      |A
And mean, and mean, and mean, and mean.
```

Chorus 3

```
       |N.C.       |          |                 |
But someday, I'll be living in a big ol' city,
       |          |          |          |          |          |
And all you're ever gonna be is mean. Yeah!
|E         |Badd4 |C♯m7                |A
Someday, I'll be   big enough so you can't hit me,
       |E          |Badd4              |A          |                 |          |
And all you're ever gonna be is mean. (Why you gotta be so mean?)
```

Chorus 4

```
       |E          |Badd4 |C♯m7              |A
Someday, I'll be   living in a big ol' city,
       |E          |Badd4              |A          |
And all you're ever gonna be is mean.
       |E          |Badd4 |C♯m7                  |A
Someday, I'll be   big enough so you can't hit me,
       |E          |Badd4              |A          |
And all you're ever gonna be is mean.
       |                   |E          |
Why you gotta be so ___ mean?
```

More Than a Feeling

Words and Music by
Tom Scholz

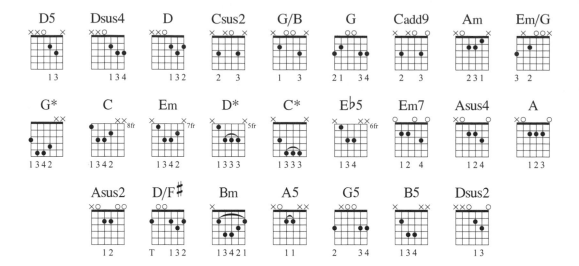

Intro   ‖: D5 Dsus4 D |Csus2 G/B G :‖ *Play 4 times*

Verse 1

|D5   Dsus4 D |Csus2   G/B G |
I looked out this morn - ing and the sun was gone,

|D5   Dsus4 D |Csus2   G/B |
Turned on some mu -   sic to start my day.

G |D5   Dsus4 D |Csus2   G/B |
I lost my - self   in a famil - iar song.

G |D5   Dsus4 D |
I closed my eyes

        |Cadd9 |G/B |Am Em/G |D Dsus4 |
And I slipped away.

Interlude 1 |G* C |Em D* C* |G* C |Em D* |

Chorus 1

　　　　　|G* 　　　　　C |Em
It's more than a feel - ing

D* 　|G* 　　　　　C 　　　|Em
When I hear that old song ___ they used to play.

D* 　|G* 　　　C |Em
　And I begin dream - ing

D* |G* 　　　　C 　　|Eb5 　|
Till I see Marianne ___ walk a - way.

|Em7 　　|Asus4　A　Asus2 　　A 　|G 　| 　D/F# Em7 　|
　I see my Mar - ianne ___ walk - in' away.

Interlude 2

‖:D5 　　　|Csus2　G/B　G :‖

Verse 2

　|D5 　　Dsus4　D 　|Csus2 　　G/B
　So many people ___ have come and gone,

G 　|D5　Dsus4　D 　　　|Csus2　G/B
　Their faces fade 　as the years ___ go by.

G 　|D5 　　Dsus4　D 　|Csus2　G/B
　Yet I still re - call 　　as I wander on,

G 　|D5 　　　Dsus4　D
　As clear as the sun

　　|Cadd9 　|G/B 　|Am　Em/G |D　Dsus4 　|
In the summer sky.

Interlude 3

Repeat Interlude 1

Chorus 2

　　|G* 　　　　　C |Em
It's more than a feel - ing

D* 　|G* 　　　　　C 　　　|Em
When I hear that old song ___ they used to play.

D* 　|G* 　　　C |Em
　And I begin dream - ing

D* |G* 　　　　C 　　|Eb5 　|
Till I see Marianne ___ walk a - way.

|Em7 　　　Asus4 |A 　Asus2 　　A 　|Bm　A5 　|
　I see my Mar - ianne ___ walk - in' away.

|G　D/F# G |Asus4 　|A 　　|
　Hey!

Guitar Solo

D5　G5	D/F# 　A	D5　G5	D/F# 　A
D5　G5	B5 　　A5	D5　B5	Em7　A5
G5	D/F# 　Em7

Interlude 4 | D5 | |Csus2 G/B G |D5 |Csus2 G/B G |

                             |D5   Dsus4 D |Csus2 G/B
Verse 3   When I'm tired ___ and think - ing cold,

                             G |D5   Dsus4 D |Csus2 G/B
                               I hide in my mu - sic, for - get the day

                             G |D5   Dsus4 D |Csus2   G/B
                               And dream of a girl   I used to know.

                             G |D5   Dsus4
                               I closed my eyes

                             D |Csus2   G/B Csus2 |
                               And she slipped a - way.

                             |Dsus2 Dsus4   D |Csus2 G/B Csus2 |

                             |D   Dsus4 N.C |

                             |Csus2 G/B   G |D Dsus4 D |
                                        She slipped a - way

                             |Csus2 G/B Csus2 |D Dsus4 N.C. |Csus2 |G/B |
                                        Ah,   ah.

                             |Am   Em/G |D | |

Interlude 5   *Repeat Interlude 1*

                                |G*   C |Em
Chorus 3   It's more than a feel - ing

                             D* |G*   C |Em
                             When I hear that old song ___ they used to play.

                             D* |G*   C |Em
                               And I begin dream - ing

                             D* |G*   C |Em   D* |
                             Till I see Marianne ___ walk a - way.

Outro   ‖: G*   C |Em   D* :‖ *Repeat and fade*

One Day

Words and Music by
Philip Lawrence, Matthew Miller,
Ari Levine and Peter Gene Hernandez

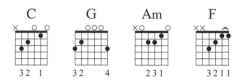

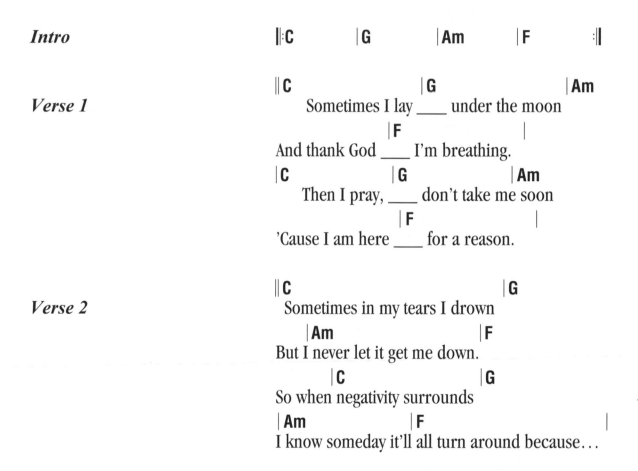

Intro

‖: C |G |Am |F   :‖

Verse 1

‖C |G |Am
   Sometimes I lay ____ under the moon
        |F |
And thank God ____ I'm breathing.
|C |G |Am
   Then I pray, ____ don't take me soon
        |F |
'Cause I am here ____ for a reason.

Verse 2

‖C |G
  Sometimes in my tears I drown
  |Am |F
But I never let it get me down.
    |C |G
So when negativity surrounds
|Am |F |
I know someday it'll all turn around because…

Chorus 1

```
‖C                      |G
 All my life I've been waiting for,
        |Am                |F              |
I've been praying for, for the people to say
|C                      |G
 That we don't wanna fight no more,
         |Am                      |F                |
There'll be no more wars and our children will play.
|C      |G      |Am     |F              |
 One day, one day, one day.   (Oh, oh, oh.)
|C      |G      |Am     |F              |
 One day, one day, one day.   (Oh, oh, oh.)
```

Verse 3

```
‖C                  |G              |Am
    It's not about ___ win or lose
                     |F
'Cause we all lose ___ when they feed
      |C                      |
On the souls of the innocent.
|G                          |Am
 Blood drenched pavement keep on moving
           |F                  |
Though the waters stay raging.
```

Verse 4

```
‖C               |G                    |Am          |F
    In this maze ___ you can lose your way. ___ (Your way.)
                 |C           |G                    |Am    N.C. |         |
It might drive ___ you crazy but don't let it faze you, no way. ___  No way.
|C                          |G
 Sometimes in my tears I drown. ___ (I drown.)
     |Am                |F
But I never let it get me down. ___ (Get me down.)
        |C           |G
So when negativity surrounds ___ (Surrounds.)
|Am          |F                        |
I know someday it'll all turn around because…
```

Chorus 2

Repeat Chorus 1

130

Verse 5

```
             ‖C                         |G              |
             One day this all will change, treat people the same.
             |Am                  |F
              Stop with the violence, down with the hate.
                 |C            |G          |Am              |
             One day we'll all be free and proud to be under the same sun.
             |F                         |
              Singing songs of freedom like…
```

Chorus 3

```
             ‖C      |G      |Am     |F              |
                (One day, one day.      Oh, oh, oh.
             |C      |G      |Am     |F              |
                One day, one day.        Oh, oh, oh.)
             |C                 |G
              All my life I've been waiting for,
                      |Am                  |F              |
             I've been praying for, for the people to say
             |C                 |G
              That we don't wanna fight no more,
                    |Am                  |N.C.            |
             There'll be no more wars and our children will play.
             |C      |G      |Am     |F              |
              One day, one day, one day.    (Oh, oh, oh.)
             |C      |G      |Am     |F              |
              One day, one day, one day.    (Oh, oh, oh.)
```

Outro

```
             ‖:C      |G        |Am        |F        :‖ C        ‖
```

Night Moves

Words and Music by
Bob Seger

(Capo 1st fret)

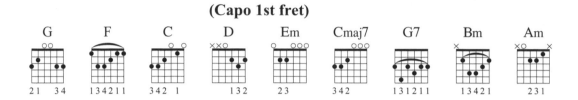

Intro

‖: G | F C | | F :‖

Verse 1

|G | F C |
    I was a little too tall, could a used a few pounds.
| | F |
Tight pants, points, hard - ly renown.
|G | F C |
    She was a black-haired beauty with big, dark eyes,
| | F |
And points all her own, sittin' way up high,
|G | F C |
| | F |
Way up firm and high.
|G | F C |
    Out past the cornfields, where the woods got heavy,
| | F |
Out in the back seat of my six - ty Chevy,
|G | F C |
    Working on myst'ries without any clues.

Chorus 1

            D   **|Em**   **D**   **C** **|**
Work - in' on our night moves,

            D   **|Em**   **D** **|C**
Try'n' to make some   front page, drive-in news.

            D   **|Em**   **D**   **C** **|** **Cmaj7** **|**
Work - in' on our night moves,

|G   **|F**   **C** **|**
  In the summertime.

| **|F** **|G**   **|**   **F** **C** **|**   **|F**   **|**
Mm,   in the sweet summertime.

Verse 2

|G   **|**   **F** **C** **|**
  We weren't in love. Oh, no, far from it.

| **|**   **F** **|**
We weren't searchin' for some pie-in-the-sky summit.

|G   **|**   **F** **C** **|**
We were just young and rest - less and bored,

| **|F**   **|**
Living by the sword.

|G   **|**   **F** **C** **|**
  And we'd steal away ev'ry chance we could,

| **|**   **F** **|**
To the backroom, to the alley, or the trusty woods.

|G   **|**   **F** **C** **|**
  I used her, she used me, but neither one cared,

| **|**
We were gettin' our share.

Chorus 2

```
              D      |Em          D   C  |
Work - in' on our night moves,
              D      |Em              D   C |
Tryin' to lose the     awkward teen-age blues.
              D      |Em          D   C |Cmaj7      |
Work - in' on our night moves,        mm,
|G                             |F   C  |
   And it was summertime.
|     |F  |G                    |   F        C | D  |
   Mm,       sweet summertime, sum - mertime.
```

Interlude 1

```
|Em          |    D   |G             |G7           |
```

Bridge

```
        |Cmaj7 |    |G          |
And, oh,         the wonder.
|Cmaj7                      |      |
   We felt the lightning. Yeah,
|F                          |      |
   And we waited on the thun - der.
|D                     |    |G   |      |
   Waited on the thunder.
```

Verse 3

|G |
   I awoke last night to the sound of thunder.

|Cmaj7 |
   "How far off?" I sat and wondered.

|G |
   Started humming a song from nineteen-sixty-two.

|Cmaj7 |Em |
   Ain't it funny how the night moves?

|C |Em |
   When you just don't seem to have as much to lose.

|C |Em |
   Strange how the night moves

|C   Cmaj7 |
      With autumn closing in.

Interlude 2

|G | | | F   C |

| | F |G | |
    Mm.   Night moves.

| | F |
    Mm.

Outro

‖: G | F   C |
  (Night moves.) Night moves.

| F :‖ *Play 7 times*
(Night moves.) Yeah.

|G |
(Night moves.) Night moves.

F   C | |D |
     I remember. Oh!

|Em | |
Ooh, ooh.

|Bm | |
  Ah, yeah, yeah, yeah, yeah.

|Am |C |G | ‖
   Ah,   ah.   I remember, I remember.

No Regrets

Words and Music by
Tom Rush

Open C tuning: down 1/2 step:
(low to high) C-G-C-G-C-E

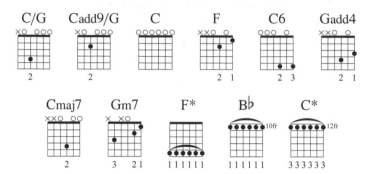

Intro

‖ C/G |Cadd9/G |C/G |Cadd9/G |
| C/G |Cadd9/G |C   F |C   F |

Verse 1

‖C |F |C |
    I know your leavin's ___ too long overdue.

| |F |
    For far too long I've had

|C6   Gadd4   Cmaj7 |C | |
 Nothin' new   to show ____ to you.

| |Gm7 |
    Goodbye dry eyes I watched your plane

|F*   C |
    Fade off west of the moon.

  |C/G |
And it felt so strange

|Cadd9/G |C   F |C   F |
    To walk away ___ alone.

Chorus 1

```
 ‖C     Gadd4   F  |C                    |
                        No regrets,
 |        Gadd4   F  |C                        |
                        No tears goodbye.
 |        Gadd4   F  |C                        |
                        Don't want you back,
 |        Gadd4   F  |C              | Gadd4   F  |F*           |
                        We'd only cry _____ again.
 |            |Bb    |C*      |       |       |       |
            Say good - bye a  -  gain.
```

Verse 2

```
 ‖C                        |F              |C          |          |
            The hours that were ___ yours echo like empty rooms.
 |F*                    |            C6   Gadd4   F  |C          |          |
            Thoughts we used to share, _____ I now keep alone.
 |                        |Gm7             |
            I woke last night and spoke to you,
 |F*            C                  |          |
            Not thinking ___ you were gone.
 |C/G              |Cadd9/G          |C          F  |C        F  |
            It felt so strange    to lie awake, ___ alone.
```

Chorus 2   Repeat Chorus 1

Verse 3

```
 ‖C                        |F              |C          |          |
            Our friends have tried ___ to turn my nights to day.
 |F*                        |
            Strange faces in your place
 C6   Gadd4   F              |C          |          |
 Can't keep      the ghosts ___ away.
 |                        |Gm7             |
            Just beyond the darkest hour,
 |F*            C                  |
            Just be - hind the dawn
 |        |C/G              |Cadd9/G          |C          F  |C        F  |
            Still ___ feels so strange    to lead my life alone.
```

Chorus 3   Repeat Chorus 1

Paradise City

Words and Music by
W. Axl Rose, Slash, Izzy Stradlin',
Duff McKagan and Steven Adler

Tune down 1/2 step:
(low to high) Eb -Ab-Db-Gb-Bb-Eb

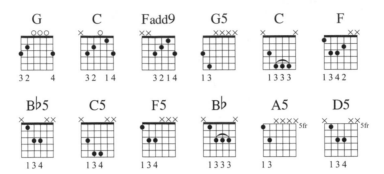

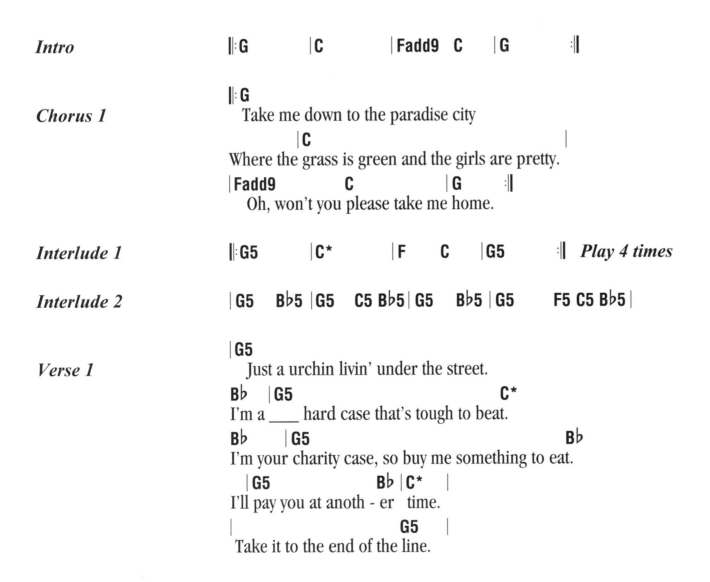

Intro   ‖: G | C |Fadd9 C | G   :‖

Chorus 1

‖: G
   Take me down to the paradise city
      | C |
Where the grass is green and the girls are pretty.
|Fadd9   C | G   :‖
   Oh, won't you please take me home.

Interlude 1   ‖: G5 | C* |F   C |G5   :‖ ***Play 4 times***

Interlude 2 | G5   Bb5 |G5   C5 Bb5| G5   Bb5 | G5   F5 C5 Bb5 |

Verse 1

|G5
   Just a urchin livin' under the street.
Bb |G5   C*
I'm a ____ hard case that's tough to beat.
Bb | G5   Bb
I'm your charity case, so buy me something to eat.
  |G5   Bb |C* |
I'll pay you at anoth - er   time.
| G5 |
Take it to the end of the line.

Interlude 3   *Repeat Interlude 2*

Verse 2
```
|G5
   Rags to riches, or so they say.
Bb    |G5                                    C*
Ya gotta    keep pushin' for the fortune and fame.
Bb          |G5                               Bb
You know, it's,    it's all a gamble when it's just a game.
   |G5              Bb|C*      |
Ya treat it like a capi - tal  crime.
|                        G5      |
 Ev'rybody's doing their time.
```

Chorus 2
```
|G5
 Take me down to the paradise city,
        |C*                              |
Where the grass is green and the girls are pretty.
|F          C*          |G5              |
 Oh, won't you please take me home, yeah, yeah.
|
 Take me down to the paradise city,
        |C*                              |
Where the grass is green and the girls are pretty.
|F    C*|G5      |
Take me home.
```

Interlude 4   *Repeat Interlude 2*

Verse 3

|G5   B♭ |
  Strapped in the chair of the city's gas cham - ber,
|G5   C* B♭ |
  Why I'm here I can't quite remem   -   ber.
|G5   B♭
  The surgeon general says it's hazardous to breathe.
 |G5 |C* |
I'll have another cigarette but I can't see.
| G5 |
 Tell me who ya gonna be - lieve?

Chorus 3

|G5
 Take me down to the paradise city,
    |C* |
Where the grass is green and the girls are pretty.
|F   C*|G5 | |
 Take me home, yeah, yeah.
|
 Take me down to the paradise city,
    |C* |
Where the grass is green and the girls are pretty.
|F   C* |N.C.(F) |
  Oh, won't you please take me home.

Guitar Solo

|G5 B♭5 |G5 C5 B♭5|G5 B♭5 |G5 F5 C5 B♭5|
|A5   C5 |A5 D5 C5 |G5 B♭5 |²⁄₄G5   F5 |
|⁴⁄₄C* |

Bridge

 |D5 |C5 |D5 |C5
So far a - way. So far a - way.
 |D5 |C5 |D5 |C* B♭ |
So far a - way. So far a - way.

Verse 3

|G5
 Captain America's been torn apart.
Bb |G5   C*
Now he's a court jester with a broken heart.
Bb |G5   Bb
He said,   "Turn me around and take me back to the start."
|G5   Bb |C*
I must be losin' my mind. "Are you blind?"
       | G5 |
I've seen it all a million times.

Chorus 4

‖:G5
 Take me down to the paradise city,
       |C* |
Where the grass is green and the girls are pretty.
|F   C*|G5 | |
 Take me home, yeah, yeah.
|
 Take me down to the paradise city,
       |C* |
Where the grass is green and the girls are pretty.
|F   C* |G5   :‖
  Oh, won't you please take me home.

Interlude 5

‖:G5 | |C5 | |
|F5 |C5 |G5 | :‖

Guitar Solo

‖:G5 | |C5 | |
|F5 |C5 |G5 | :‖ *Play 9 times w/*
|G5 | |C5 | | *lead vocal ad lib.*
|F5 |C5 |G5 ‖
  Oh, won't you please take me home?

Piano Man

Words and Music by
Billy Joel

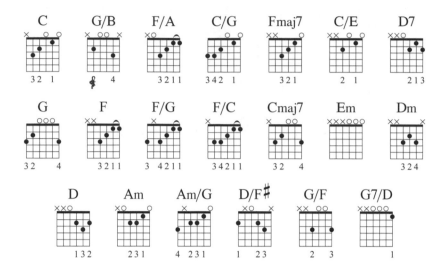

Intro

C	G/B	F/A	C/G
Fmaj7	C/E	D7	G
C	G/B	F/A	C/G
F	F/G	C	F/C
Cmaj7	F Em Dm	C	F/C
Cmaj7	F Em Dm

Verse 1

|C |G/B |F/A |C/G
It's nine o' - clock on a Saturday,
        |F |C/E |D |G
        The regular crowd shuffles in.
                   |C |G/B |F/A |
There's an old man ___ sitting next to me
|C/G |F |F/G |C |
Making love to his tonic and gin.

Interlude 1

C	G/B	F/A	C/G
F	F/G	C	
F/C		

Verse2

　　　　　　|C　　　　　　　　|G/B　　|F/A　　　|C/G
He says, "Son, can you play ___ me a memory?
　　　|F　　　　|C/E　　　|D　　|G
I'm not really sure ___ how it goes.
　　　　|C　　　　|G/B　　　|F/A　　　　|C/G
But it's sad and it's sweet, and I knew it complete
　　　　　|F　　　　　|F/G　　　|C　　　|　　　|
When I wore a young - er man's clothes."

Bridge 1

|Am　　|Am/G　　|D/F♯　|F　　　|
La, la, la, ___ li, di, da.
|Am　　|Am/G　　|D/F♯　|
　La, la, ___ li, di, da,
　|G　　|G/F　|C/E　|G7/D　|
Da, dum.

Chorus 1

|C　　　　　　　|G/B　　　　　|F/A　　|C/G　　|
　Sing us a song, ___ you're the piano man.
|F　　　　|C/E　　|D　　|G
　Sing us a song ___ tonight.
　　　　　|C　　　　|G/B　　|F/A　　|C/G
Well, we're all in the mood ___ for a melody,
　　|F　　　|F/G　　　|C　　　|　　　|
And you've got us feeling al - right.

Interlude 2

C	G/B	F/A	C/G
F	F/G	C	F/C
Cmaj7	F　Em Dm	C	F/C
Cmaj7	F　Em Dm

Verse 3

```
          |C              |G/B    |F/A              |C/G
Now, John at the bar ____ is a friend of mine,
     |F          |C/E          |D      |G
He gets me my drinks for free.
          |C              |G/B            |F/A              |C/G
And he's quick with a joke ____ or to light ____ up your smoke
                |F                  |F/G          |C    |      |F/C    |
But there's someplace that he'd ____ rather be.
```


Verse 4

```
               |C              |G/B      |F/A        |C/G
He says, "Bill, I believe ____ this is killing me."
     |F          |C/E          |D      |G
As a smile ran a - way from his face.
             |C          |G/B            |F/A      |C/G
"Well, I'm sure that I could be a mov - ie star
    |F              |F/G                |C        |
If I could get out ____ of this place."
```


Bridge 2

```
|C    |Am    |Am/G      |D/F♯    |F        |
  Oh, la, la, la, ____ di, di, da.
|Am      |Am/G      |D/F♯    |
   La, la, ____ di, di, da,
   |G    |G/F    |C/E    |G7/D
Da, dum.
```

Verse 5

     |C |G/B |F/A |C/G
Now, Paul is a real estate novelist

     |F |C/E |D |G
Who never had time ____ for a wife.

     |C |G/B |F/A |C/G
And he's talking with Da - vy, who's still in the Na - vy

     |F |F/G |C |
And probably will be for life.

Interlude 3   *Repeat Interlude 1*

Verse 6

|F/C |C |G/B |F/A |C/G
  And the wait - ress is practicing politics

     |F |C/E |D |G
As the bus - 'nessmen slowly get stoned.

     |C |G/B |F/A |C/G
Yes, they're sharing a drink ____ they call loneliness,

     |F |F/G |C |
But it's better than drinkin' alone.

Piano Solo

Am	Am/G	D	F
Am	Am/G	D	F
Am	Am/G	D	
G	G/F	C/E	G7/D

Chorus 2   *Repeat Chorus 1*

Interlude 4   *Repeat Interlude 2*

Verse 7

```
         |C              |G/B     |F/A      |C/G
It's a pretty good crowd ____ for a Saturday
         |F      |C/E          |D    |G
And the manager gives me a smile.
         |C            |G/B        |F/A          |C/G
'Cause he knows that it's me they've been coming to see
         |F      |F/G        |C    |     |F/C   |
To for - get about life for a while.
```

Verse 8

```
         |C      |G/B        |F/A      |C/G
And the piano, it sounds like a carnival,
         |F        |C/E          |D  |G
And the mi - crophone smells like a beer.
         |C            |G/B        |F/A         |C/G
And they sit at the bar ____ and put bread in my jar,
         |F            |F/G         |C    |      |
And say, "Man, what are you doin' here?"
```

Bridge 3   *Repeat Bridge 1*

Chorus 3   *Repeat Chorus 1*

Outro

```
|C          |G/B       |F/A       |C/G           |
|F          |F/G       |C         |F/C           |
|Cmaj7      |F   Em Dm |C         |F/C           |
|Cmaj7      |F   Em Dm |C
```

Rock'n Me

Words and Music by
Steve Miller

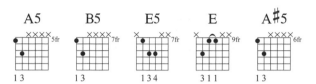

Intro

| N.C.   A5 | B5   E5 | B5   N.C. | E |
||: B5   A5 | B5   E5 | B5   N.C. | E   :||
| N.C. |

Verse 1

| N.C. A5   A♯5 | B5 |
      Well, I've been lookin' real hard and I'm tryin' to find a job,
  | A5 |
But it just keeps gettin' tougher ev'ry day.
    | E5 |
But I got ___ to do my part, 'cause I know in my heart,
    | B5 |
I got to please my sweet mm, baby, yeah.
| | |
 Well, I ain't   superstitious and I don't get suspicious
    | A5 |
But my woman is a friend of mine.
| | E5 |
 And I know ___ that it's true that all the things that I do
    | B5 |
Will come back ___ to me in my sweet-n time.

Chorus 1

       |**B5** |
So keep on rockin' me, baby.

| |**A5** |
 Keep on a rockin' me, baby.

| |**E5** |
 Keep on a rockin' me, baby.

| |**B5** |
 Keep on a rockin' me, baby.

Verse 2

| |**B5** |
  I went from Phoenix, Arizona all the way to Tacoma,

    |**A5** |
Phila - delphia, Atlanta, L.A.

| |**E5** |
 North - ern California where the girls are warm,

     |**B5** |
So I could be with my sweet baby, yeah.

Chorus 2

     |**B5** |
Keep on a rockin' me, baby.

| |**A5** |
 Keep on a rockin' me, baby.

| |**E5** |
 Keep on a rockin' me, baby.

| |**B5** |
 Keep on a rockin' me, baby.

| **A5** |**B5**
 Baby, baby, baby, keep on rockin',

E5 |**B5** |**E5** |
  Rockin' me, baby.

|**B5**   **A5** |**B5**   **E5** |**B5** |
 Keep on a rockin' rock - in' me, baby.

|**E** |**N.C.** | **A5** **A♯5** |
  Who, who, who, yeah.

Verse 3

|B5 |
Don't get suspicious now you don't be suspicious, babe,
   |A5 |
You know you are a friend of mine.
         |E5 |
And you know __ that it's true, that all the things that I do
       |B5 |
Are gonna come back to you in your sweet time.

        | |
I went from Phoenix, Arizona all the way to Tacoma,
    |A5 |
Phila - delphia, Atlanta, L.A.
   |E5 |
North - ern California where the girls are warm,
      |B5 |
So I could hear my sweet, mm baby, say:

Outro-Chorus

‖: |B5 |
  Keep on a rockin' me, baby.
| |A5 |
 Keep on a rockin' me, baby.
| |E5 |
 Keep on a rockin' me, baby.
| |B5 |
 Keep on a rockin' me, rockin' me,
    | :‖
Rockin', baby, baby, baby. *Repeat and fade*

The Remedy

(I Won't Worry)

Words and Music by
Graham Edwards, Scott Spock, Lauren Christy and Jason Mraz

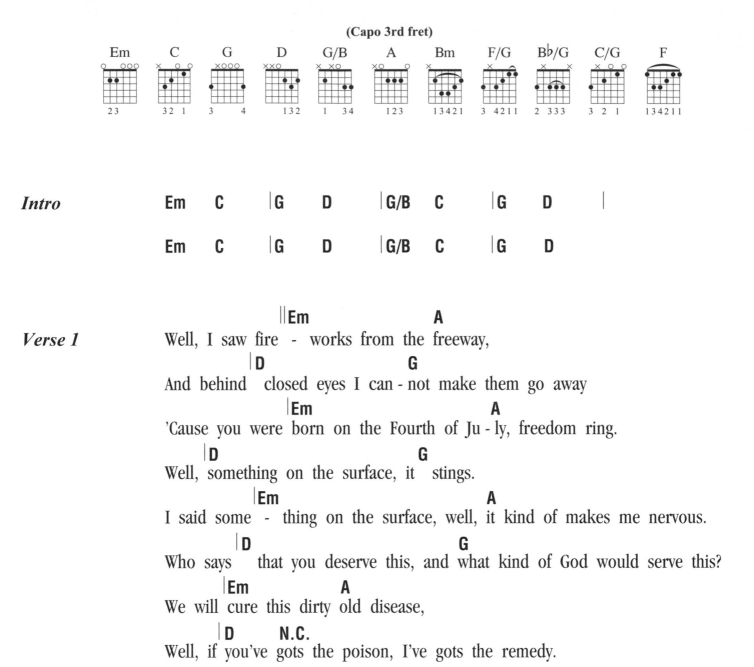

(Capo 3rd fret)

Em   C   G   D   G/B   A   Bm   F/G   B♭/G   C/G   F

Intro

| Em C | G D | G/B C | G D | |

| Em C | G D | G/B C | G D |

Verse 1

‖**Em**   **A**
Well, I saw fire - works from the freeway,

|**D**   **G**
And behind closed eyes I can - not make them go away

|**Em**   **A**
'Cause you were born on the Fourth of Ju - ly, freedom ring.

|**D**   **G**
Well, something on the surface, it stings.

|**Em**   **A**
I said some - thing on the surface, well, it kind of makes me nervous.

|**D**   **G**
Who says that you deserve this, and what kind of God would serve this?

|**Em**   **A**
We will cure this dirty old disease,

|**D**   **N.C.**
Well, if you've gots the poison, I've gots the remedy.

Pre-Chorus

```
  ‖Em              A                    |D              G
The remedy is the experience; this is a dangerous li - aison.
          |Em            A
I says, the comedy is that it's serious.
          |D              G
This is a strange enough new play on words.
          |Em                    A
I say, the tragedy is how you're gon - na spend
          |D                      G
The rest    of your nights with the light on.
             |Em              A
So shine the light on all of your   friends,
       |D  N.C.                          ‖
When it all amounts to nothing in the end.
```

Chorus

```
  G      C        |
  I,
  D                        |Em    Bm  |C    D      |
   I won't worry my life    away.  Hey.  Oh, oh.
  G      C        |
  I,
  D                        |Em    Bm   |C    D      ‖
   I won't worry my life    away.  Hey.  Oh, oh.
```

Interlude

```
        Em    C    |G    D    |G/B    C    |G    D N.C.
```

Verse 2

        ||**Em**   **A**
Well, I heard two men talking on the radio

      |**D**   **G**
In a cross - fire kind of new reality show.

   |**Em**   **A**
Un - covering the ways to plan the next big attack.

       |**D**   **G**
Well, they were counting down the ways to stab the brother in the…

      |**Em**   **A**
Be right back after this, the un - avoidable kiss,

    |**D**   **G** |**Em**
Where the minty fresh death breath is sure to outlast this ca - tastrophe.

    A
Dance with me,

    |**D** **N.C.**
'Cause if you've gots the poison, I've gots the remedy.

Repeat Pre-Chorus

Repeat Chorus

Bridge

    Em |**C** |
   When I fall in love, I take my time.

    G |**D** |
   There's no need to hur - ry when I'm making up my mind.

    Em |**C** |
   You can turn off the sun, but I'm still gonna shine,

    G |**D**
   And I'll tell you why.

Pre-Chorus 2

```
     ‖G              C/G              |F/G           B♭/G
```
Because the remedy is the experience, this is a dangerous li - aison.
```
             |G              C/G
```
I says, the comedy is that it's serious.
```
             |F/G             B♭/G
```
This is a strange enough new play on words.
```
             |G                      C/G
```
I say, the tragedy is how you're gon - na spend
```
             |F/G                    B♭/G
```
The rest   of your nights with the light on.
```
             |G              C/G
```
So shine the light on all of your   friends,
```
             |F  N.C.                      ‖
```
When it all amounts to nothing in the end.

Repeat Chorus

Outro-Chorus
```
     G      C      |
```
I
```
     D                    |Em     Bm  |C      D      |
```
  I won't worry my life   away,   no.
```
     G      C      |
```
I
```
     D                    |Em     Bm  |C      D   |G    ‖
```
  I won't worry my life   away. Hey. Oh, oh.
```

153
```

Riptide

Words and Music by
Vance Joy

(Capo 1st fret)

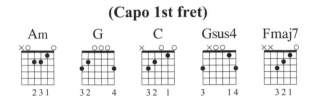

Intro

‖:Am   G | C   :‖

Verse 1

|Am   G |C |
I was scared of den - tists and the dark.
|Am   G |C
I was scared of pretty girls and starting conversations.
　|Am   G |C
Oh, all my friends ___ are turnin' green.
　　　　|Am   G |C
You're the magician's assist - ant in their dream.

Pre-Chorus 1

　|Am G | C
Ah, oo.
　|Am G |C |
Oh, _____ and they come unstuck.

Chorus 1

|Am   G |C
Lady, runnin' down to the riptide,
　　　　　|Am
Taken away to the dark side.
G |C
I wanna be your left-hand man.
|Am   G |C
I love you when you're singing that song
　　　　　|Am
And I got a lump in my throat
　　|G |C |
'Cause you're gonna sing the words ___ wrong.

Verse 2

```
|Am                      G              |C
 There's this movie that ___ I think you'll like.
    |Am       G         |C
This guy decides to quit his job and heads to New York City.
    |Am      G            |C
This cowboy's runnin' from himself,
    |Am             G            |C
And she's been livin' on ___ the highest shelf.
```

Pre-Chorus 2   *Repeat Pre-Chorus 1*

Chorus 2   *Repeat Chorus 1*

Interlude

```
|C           |            |
```

Bridge

```
|Am                          |Gsus4  G   |
 I just wanna, I just wanna know
|C                          |Fmaj7      |
 If you're gonna, if you're gonna stay.
|Am                       |Gsus4  G   |
 I just gotta, I just gotta know,
|C                          |Fmaj7
 I can't have it, I can't have it any other way.
|Am           G          |C        |
I swear she's des - tined for the screen.
|Am           G          |C                    |
 Closest thing to Michelle Pfeiffer that you've ever seen, oh.
```

Chorus 3   *Repeat Chorus 1*

Chorus 4

```
‖:    |Am  G               |C
   Oh, lady, runnin' down to the riptide,
                      |Am
Taken away to the dark side.
G         |C
I wanna be your left-hand man.
|Am     G               |C
I love you when you're singing that song
                      |Am
And I got a lump in my throat
       G                          |C      :‖
'Cause you're gonna sing the words ___ wrong.
                  |Am
I got a lump in my throat
       G                          |C      ‖
'Cause you're gonna sing the words ___ wrong.
```

Royals

Words and Music by
Ella Yelich-O'Connor and Joel Little

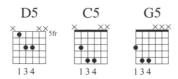

Verse 1

‖N.C. | |
I've never seen a diamond in the flesh.
| | |
I cut my teeth on wedding rings in the movies.
| |
And I'm not proud of my address.
| | |
In a torn up town, no postcode envy.

Pre-Chorus 1

‖D5 |
But ev'ry song's like gold teeth, Grey Goose, tripping in the bathroom,
| |
Bloodstains, ball gowns, trashing the hotel room.
|C5 |G5
We don't care, we're driving Cadillacs in our dreams.
|D5 |
But ev'rybody's like Cristal, Maybach, diamonds on your timepiece,
| |
Jet planes, islands, tigers on a gold leash.
|C5 |G5 N.C.
We don't care, we aren't caught up in your love affair.

Chorus 1

         ‖ **D5** |
And we'll never be royals, (Royals.)

|
It don't run in our blood.

     | **C5**
That kind of luxe just ain't for us.

     | **G5**
We crave a diff'rent kind of buzz.

      | **D5** |
Let me be your ruler, (Ruler.)

|
You can call me queen bee

     | **C5** |
And, baby, I'll rule, I'll rule, I'll rule, I'll rule.
| **G5** | **N.C.** |
   Let me live that fantasy.

Verse 2

| ‖ **N.C.** |
   My friends and I, we've cracked the code.

| | |
   We count our dollars on the train to the party.

| | |
And ev'ry - one who knows us knows ___ that we're fine with this.

|
We didn't come from money.

Pre-Chorus 2   *Repeat Pre-Chorus 1*

Chorus 2

         ‖ **D5** |
And we'll never be royals, (Royals.)

|
It don't run in our blood.

     | **C5**
That kind of luxe just ain't for us.

     | **G5**
We crave a diff'rent kind of buzz.

      | **D5** |
Let me be your ruler, (Ruler.)

|
You can call me queen bee

     | **C5** |
And, baby, I'll rule, I'll rule, I'll rule, I'll rule.
| **G5** |
   Let me live that fantasy.

Verse 3

```
 ‖N.C.      |      D5    |
     Oh,    oh, oh,
 |C5                                 |
     We're bigger than we ever dreamed.
 |G5                                  |
     And I'm in love with being queen.
 |D5       |          |
     Oh,      oh, oh,
 |C5
     Life is great without a care.
          |G5                N.C.
 We aren't caught up in your love affair.
```

Chorus 3

```
                        ‖D5              |
 And we'll never be royals, (Royals.)
 |
 It don't run in our blood.
          |C5
 That kind of luxe just ain't for us.
          |G5
 We crave a diff'rent kind of buzz.
             |D5            |
 Let me be your ruler, (Ruler.)
 |
 You can call me queen bee
             |C5                      |
 And, baby, I'll rule, I'll rule, I'll rule, I'll rule.
 |G5   N.C.                  ‖
     Let me live that fantasy.
```

Runaway Train

Words and Music by
David Pirner

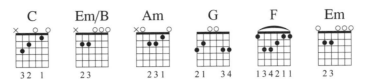

Intro   ‖: C | :‖

Verse 1

|C | |
Call you up in the middle of the night.

|Em/B | |
Like a firefly without a light,

|Am | |
You were there like a blowtorch burning.

|G | |
I was a key that could use a little turning.

|C | |
So tired that I couldn't even sleep.

|Em/B | |
So many secrets I couldn't keep.

|Am | |
Promised myself I wouldn't weep.

|G |
One more promise I couldn't keep.

          |F |G
It seems _____ no one can help _____ me now.

          |C |Am
I'm in _____ too deep. There's no _____ way out.

          |F |Em |G | |
This _____ time I have real - ly led myself _____ astray.

Chorus 1

```
|C                    |              |
     Runaway train never going back.
|Em/B                 |              |
     Wrong way on a one way track.
|Am                   |              |
     Seems like I should be getting somewhere.
|G                    |          |     |     |
     Somehow I'm neither here nor there.
```

Verse 2

```
|C                    |              |
     Can you help me remember how to smile,
|Em/B                 |              |
     Make it somehow all seem worthwhile?
|Am                   |          |
     How on earth did I get so jaded?
|G                    |          |
     Life's mystery seems so faded.
|C                    |          |
     I can go where no one else can go.
|Em/B                 |          |
     I know what no one else knows.
|Am                   |          |
     Here I am just drownin' in the rain
|G                    |
     With a ticket for a runaway train.
          |F                  |G
And ev  -  'rything seems cut ____ and dry.
          |C                  |Am
Day ____ and night, earth _____ and sky.
          |F     |Em               |G    |     |
Some -  how I      just don't believe ____ it.
```

Chorus 2   *Repeat Chorus 1*

160

Interlude

```
|C            |            |Em/B        |            |            |
|Am           |            |G           |            |            |
|F            |G           |C           |Am          |            |
|F            |Em          |G           |            |            |
```

Verse 3

```
|C                          |            |
```
Bought a ticket for a runaway train.
```
|Em/B              |                  |
```
Like a madman laughin' at the rain.
```
|Am                |                  |
```
A little out of touch, little insane.
```
|G                 |                          |
```
It's just easier than dealing with the pain.

Chorus 3

Repeat Chorus 1

Chorus 4

```
|C                          |            |
```
Runaway train never comin' back.
```
|Em/B              |                  |
```
Runaway train tearin' up the track.
```
|Am                |                  |
```
Runaway train burn - in' in my veins.
```
|G                 |                          |
```
Runaway, but it always seems the same.

Outro

Repeat Verse 1 (Instrumental) and fade

Safe & Sound

from THE HUNGER GAMES

Words and Music by
Taylor Swift, T-Bone Burnett,
John Paul White and Joy Williams

(Capo 7th fret)

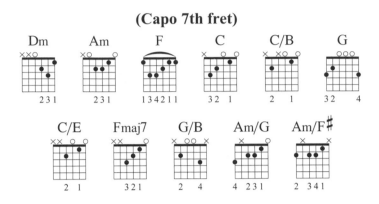

Intro

```
||Dm Am |F  C  C/B |Dm Am |F  C  |
```

Verse 1

```
 ||Dm                        Am
   I remember tears streaming down your face
    |F                    C     C/B
  When I said I'll never let you go,
    |Dm              Am              |F   C  |
  When all those shadows almost killed your light
  |Dm       Am          |F              C      C/B
   I remember you said, "Don't leave me here a - lone."
    |G              C/E        |Fmaj7        |
  But all that's dead and gone and past to - night.
```

Chorus 1

```
 ||F          |C    G                |
   Just close your eyes, the sun is going down.
  |F         |C   G                    |
   You'll be all right, no one can hurt you now.
  |F            |C   G/B               |
   Come morning light you and I'll
   |Am   Am/G  |Am/F#            |
  Be safe  and      sound.
```

Interlude

‖Dm Am |F C C/B |Dm Am |F C |

Verse 2

‖Dm   Am |
  Don't you dare look ____ out your window,
|F   C   C/B
  Darlin' ev'rything's on fire.
 |Dm   Am |F   C |
The war outside our door keeps raging on.
|Dm   Am |F   C |
 Hold on to this lulla - by.
|G |F | |
 Even when the music's gone, gone.

Chorus 2

‖Fmaj7 |C   G/B |
   Just close your eyes, the sun is going down.
|Fmaj7 |C   G/B |
   You'll be all right, no one can hurt you now.
|Fmaj7 |C G/B |
   Come morning light you and I'll be
|Am   Am/G |Am/F♯ |
 Safe   and   sound.

Bridge

‖F |G |Am |G |
 Ooh, ooh, oh, oh, oh.
|F |G |Am |G |
 Ooh, ooh, oh, oh, oh.

Chorus 3

‖Fmaj7 |C   G/B |
   Just close your eyes,
|Fmaj7 |C   G/B |
   You'll be all right,
|F |C G/B |
   Come morning light you and I'll be
|Am   Am/G |Am/F♯ |
 Safe   and   sound.

Outro

‖Fmaj7 |C G/B
 Ooh,   ooh.
‖:Fmaj7 |C G :‖ *Play 5 times*
  Ooh,   ooh.

Say Something

Words and Music by Ian Axel,
Chad Vaccarino and Mike Campbell

(Capo 2nd fret)

Am   F   C   Gadd4   C/B

Intro

|| Am | | F | |
| C | | Gadd4 | |

Chorus 1

|| Am | | F | |
         Say something, I'm giving up on you.
| C | | Gadd4 | |
| Am | | F | |
         I'll be the one   if you want me to.
| C | | Gadd4 | |
| Am | | F | |
         Anywhere I would have followed you.
| C | | Gadd4 | |
| Am | | F | |
         Say something, I'm giving up on you.
| C | | Gadd4 | |

Verse 1

| || C | |
And I
| | | C/B | | |
Am feeling so small.
| | F | | |
It was o - ver my head.
| | | C | | Gadd4 |
I know nothing at all.
| | C | | |
And I
| | | C/B | | |
Will stumble and fall.
| | F | | |
I'm still learn - ing to love,
| | | C | | Gadd4 | |
Just starting to crawl.

Chorus 2

```
‖Am          |              |F          |            |
                 Say something, I'm giving up on you.
|C           |         |Gadd4      |          |
| Am         |              |F           |            |
     I'm sorry that I ___ couldn't get ___ to you.
|C           |         |Gadd4      |          |
| Am         |         |F          |            |
          Anywhere I would have followed you.
|C          |          |Gadd4      |          |
| Am         |              |F          |            |
          Say something, I'm giving up on you.
|C          |          |Gadd4      |
```

Verse 2

```
|           ‖C          |          |          |
     And I
|           |              |C/B        |          |          |
     Will swallow my pride.
|                    |F          |            |
     You're the one _____ that I love
|           |              |C          |          |Gadd4      |          |
     And I'm saying goodbye.
```

Chorus 3

```
‖Am          |              |F          |            |
                 Say something, I'm giving up on you.
|C          |          |Gadd4      |          |
| Am         |              |F          |            |
     I'm sorry that I ___ couldn't get ___ to you.
|C          |          |Gadd4      |          |
| Am         |              |F          |            |
     And  anywhere I would have followed you.
|C          |          |Gadd4      |          |
| Am         |              |F          |            |
          Say something, I'm giving up on you.
|C          |          |Gadd4      |          |
| Am         |              |F          |            |
          Say something, I'm giving up on you.
|C          |          |Gadd4      |          |
| Am         |              |F          |            |C          ‖
     Say something.
```

Shooting Star

Words and Music by
Paul Rodgers

Open A tuning:
(low to high) E-A-E-A-C#-E

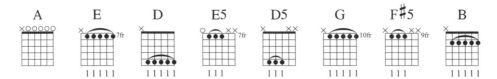

Intro
    ‖A   E |D |A   E |D |

Verse 1

‖A   E |D   A |
    Johnny was a schoolboy when he heard his first Beatles song.

| E
    "Love Me Do", ____ I think it was,

          |D   A |
And from there ____ it didn't take him long.

| E |D   A |
    Got himself a guitar, used to play every night.

| E |D   A
    Now he's in a rock 'n' roll outfit and everything's all right.

D |E5   D5 |E5 |
Don't you know?

Verse 2

‖A   E |D   A |
    Johnny told his mama, "Hey, Mama I'm goin' away.

| E |G   A |
    I'm gonna hit the big time, gonna be a big star some - day," yeah.

| E |G   A |
    Mama came to the door with a tear - drop in her eye.

| E |G   A
    Johnny said, "Don't ____ cry, mama, smile and wave goodbye."

D |E5   D5 |E5 |
Don't you know? ____ Yeah, yeah.

Chorus 1

```
          ‖D                        |A
Don't you know that you are a shooting star?
D                 |E  D                |E
Don't you know? ____ Don't you know?
          |D                   |A
Don't you know that you are a shooting star?
          |G                            |D
And all ___ the world will love you just as long,
                        |E5  D5  E5 |        |
As long as you are.
```

Verse 3

```
‖A             E          |G              A    |
   Johnny made a record, went straight up to number one.
|               E         |G            A      |
   Suddenly ev - 'ryone loved to hear him sing the song.
|                      E       |G            A     |
   Watching the world ___ go by, surprising it goes so fast.
|                          E
   Johnny looked a - round him and said,
       |G                    A
"Well, I made the big time at last."
D                 |E  D                |E
Don't you know? ____ Don't you know?
```

Chorus 2

```
          ‖D                   |A
Don't you know that you are a shooting star?
        D      |E          D   |E
Don't ___ you know? Whoa, ____ yeah.
          |D                   |A
Don't you know that you are a shooting star? Yeah.
          |G                            |D
And all ___ the world will love you just as long,
                     |E5  D5      E5 |        |
As long as you are ___ a shooting ___ star.
```

Guitar Solo   ‖F#5 E5 |B |F#5 E5 |B |
                    |F#5 E5 |B |F#5 |E5

Chorus 3   *Repeat Chorus 1*

Verse 4   ‖A   E |G   A |
                        Johnny died one night, died in his bed.
                    | E |D   A |
                        Bottle of whis - key, sleeping tab - lets by his head.
                    | E |D   A |
                        Johnny's life passed him by like a warm summer day.
                    | E |G   A D |
                        If you listen to the wind you can still hear him play.
                    |E   D |E
                     Oh, oh, oh.

Chorus 4   ‖D |A
                    Don't you know that you are a shooting star?
                          D |E   D |E
                    Don't ___ you know, yeah, don't ___ you know?
                        |D |A
                    Don't you know that you are a shooting star?
                          D |E   D
                    Don't ___ you ___ know?
                    |E |D |A |
                        Don't you know that you are a shooting star?
                    |E   D |E
                     Don't you, don't you, don't you, don't you, don't you know?
                           |D
                    Heh. Don't you…

Outro   *Repeat Chorus 1 w/ lead vocal ad lib. till fade*

Skinny Love

Words and Music by
Justin Vernon

Tuning:
(low to high) C-G-E-G-C-C

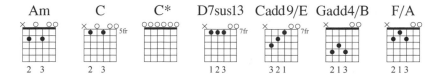

Am   C   C*   D7sus13   Cadd9/E   Gadd4/B   F/A

Intro

```
||: Am      | C        | C*       |              :||  Play 3 times
|D7sus13 |          | Am       |          | C |
|C*       |          |          |          |
```

Verse 1

```
|Am            |C          |C*       |
Come on skinny love just lasts a year,
 |Am           |C          |C*       |
So pour a little salt we were never here.
      |Am            |C         |C*       |
My, my, my, my, my, my, my, my,
|             |D7sus13   |                |Am   |   |
Staring at the sink of blood and crushed veneer.
```

Interlude 1

```
|C           |         |         |         |
```

Verse 2

```
|Am       |C          |C*       |    |
  I tell my love to wreck it all,
|Am           |C          |C*       |
Cut out all the ropes and let me fall.
      |Am            |C         |C*       |
My, my, my, my, my, my, my, my,
             |D7sus13 |                |Am   |
Right in this moment this order's tall.
```

Chorus 1

```
      |Cadd9/E        |
```
And I told you to be pa - tient,
```
      |Gadd4/B    |F/A
```
And I told you to be fine.
```
      |Cadd9/E        |
```
And I told you to be ba - lanced,
```
      |Gadd4/B      |F/A
```
And I told you to be kind.
```
        |Cadd9/E          |
```
And in the morning I'll be with you,
```
         |Gadd4/B      |F/A
```
But it will be a different kind.
```
         |Cadd9/E          |
```
And I'll be holding all the tick - ets,
```
            |Gadd4/B     |F/A  |    |    |    |
```
And you'll be owning all the fines.

Verse 3

```
      Am            |C              |C*    |    |
```
Come on skinny love what happened here?
```
|Am         |C              |C*     |
```
Suckle on the hope in light bras - sieres,
```
        |Am         |C          |C*    |
```
My, my, my, my, my, my, my, my,
```
            |D7sus13 |          |Am    |    |
```
Sullen load is full, so   slow on the split.

Interlude 2   *Repeat Interlude 1*

170

Chorus 2

|Cadd9/E |
And I told you to be pa - tient,
        |Gadd4/B |F/A
And I told you to be fine.
        |Cadd9/E |
And I told you to be bal - anced,
        |Gadd4/B |F/A
And I told you to be kind.
          |Cadd9/E |
And now all your love is wast - ed,
          |Gadd4/B |F/A
And then who the hell was I?
          |Cadd9/E |
And I'm breaking at the bridg - es,
              |Gadd4/B |F/A | | | |
And at the end of all your lines.

Bridge

|Cadd9/E | |
  Who will love you?
|Gadd4/B |F/A |
  Who will fight?
|Cadd9/E | Cadd4/B |F/A | |
  Who will fall ___ far be - hind?

Outro

‖: Am | C | C* | :‖ *Play 3 times*
| D7sus13 | | Am | C |
| | |

A Sky Full of Stars

Words and Music by Guy Berryman, Jon Buckland,
Will Champion, Chris Martin and Tim Bergling

(Capo 6th fret)

Am   Gsus4   C/F   C   Cmaj9/E   Am7   A7sus4   Fmaj9   Em7   G

Intro
||: Am Gsus4 | C/F | C | Cmaj9/E :||

Verse 1

| Am Gsus4 | C/F
'Cause you're a sky,
           | C | Cmaj9/E |
'Cause you're a sky full of stars.
| Am Gsus4 | C/F | C | Cmaj9/E |
I'm gonna give you my heart.
| Am Gsus4 | C/F
'Cause you're a sky,
          | C | Cmaj9/E |
'Cause you're a sky full of stars.
| Am Gsus4 | C/F | C | Cmaj9/E |
        'Cause you light up the path.

Verse 2

| Am Gsus4 | C/F
I don't care,
          | C | Cmaj9/E |
Go on and tear me apart.
| Am Gsus4 | C/F | C
I don't care ____ if you do.
  | Cmaj9/E | Am
Ooh, ____ ooh.
Gsus4 | C/F | C | Cmaj9/E
'Cause in a sky, 'cause in a sky full of stars
             | Am Gsus4 | C/F | C | Cmaj9/E |
I think I saw you.

Interlude 1
||: Am7 A7sus4 | Fmaj9 | C | Em7   :|| *Play 3 times*

Verse 3

```
|Am7   A7sus4        |Fmaj9
          'Cause you're a sky
                   |C              |Em7    |
'Cause you're a sky full of stars.
|Am7  A7sus4 |Fmaj9            |C       |Em7     |
          I wanna die in your arms. ___ Oh, ___ oh.
|Am7   A7sus4        |Fmaj9
          'Cause you get lighter
                 |C        |Em7     |
The more ___ it gets dark.
|Am7  A7sus4 |Fmaj9              |C       |Em7     |
          I'm gonna give you my heart. ___ Oh, ___ oh.
|Am7 |A7sus4        |Fmaj9
          And I don't care
                 |C              |Em7       |
Go on and tear me apart.
|Am7  A7sus4        |Fmaj9          |C
          And I don't care ___ if you do.
        Em7   |Am7
Ooh, ___ ooh.
  A7sus4  |Fmaj9            |C              |Em7
'Cause in a sky, 'cause in a sky full of stars
                 |Am7  A7sus4 |Fmaj9 |C       |
I think I see you.
|Em7          |Am7  A7sus4 |Fmaj9 |C     |      |
   I think I see you.
```

Interlude 2

```
||:Am7  A7sus4 |Fmaj9    |C          |Em7       :|| Play 4 times
||:Fmaj9        |G        |Am     |    C     :||
```

Verse 4

```
|Fmaj9              |G              |Am              |
   It's your sky, ___ your sky ___ full of stars.
|     C          |Fmaj9 |G      |Am     |
Such a heavenly view.
|            C          |Fmaj9 |G     |Am    |  C   |
You're such a heavenly view.
```

Outro

```
||:Fmaj9     |G        |Am        |    C     :|| Play 3 times
| N.C.       ||
```

Sons & Daughters

Words and Music by
Colin Meloy

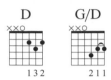

Intro   ‖ D | G/D | D | G/D |

Chorus 1   ‖ D | G/D |
When we arrive, ___ sons and daughters

| D | G/D |
We'll make our homes ___ on the water.

| D | G/D |
We'll build our walls ___ aluminum.

| D | G/D |
We'll fill our mouths ___ with cinnamon,

| D | G/D | D | G/D |
Now.

Verse 1   ‖ D | G/D |
These currents pull ___ us 'cross the border.

| D | G/D |
Steady your boats, ___ arms to shoulder.

| D | G/D |
'Til tides will pull ___ our hull aground

| D | G/D | D | G/D | D | G/D |
Making this cold ___ harbor now, ___ home.

Verse 2

```
‖ D                      | G/D                        |
      Take up your arms, ___ sons and daughters.
  | D              | G/D                 |
      We will arise ___ from the bunkers
  | D                   | G/D           |
      By land, by sea, ___ by dirigible.
  | D                      | G/D              |
      We'll leave our tracks ___ untraceable,
  | D      | G/D   | D      | G/D      |
      Now.
```

Interlude

```
‖: D            | G/D        | D            | G/D        :‖
```

Chorus 2-4

Repeat Chorus 1

Chorus 5

```
‖ D                      | G/D                     |
      When we arrive, ___ sons and daughters
  | D                    | G/D                 |
      We'll make our homes ___ on the water.
  | D                     | G/D              |
      We'll build our walls ___ aluminum.
  | D                     | G/D              |
      We'll fill our mouths ___ with cinnamon,
  | D      | G/D   | D      | G/D
      Now.
  | D      | G/D   | D      | G/D
      Now.
```

Outro

```
‖: D                    | G/D           :‖ Repeat and fade
      Here all the bombs ___ fade away.
```

Soul Shine

Words and Music by
Warren Haynes

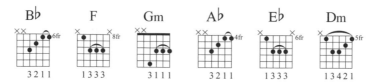

Intro

‖: **B♭** | |**F** | |
|**Gm** |**A♭** |**B♭** | | :‖

Verse 1

‖**B♭**   **F**
When you can't find ____ the light
|**E♭**   **B♭** |
To guide you through a cloudy day.
| **F**
When the stars ain't shining bright
|**E♭** |**B♭** |
And it feels like you've lost your ____ way,
| **F** |
When the candle light of home
|**E♭**   **B♭** |
Burns so very far away,
| **F** |
Yeah, you got to let your soul shine.
|**Gm**   **A♭** |
Just like my daddy used to say, used to say,

Chorus 1

```
‖Bb              |              |F              |
  "Soul shine   is better than sunshine;
  |                        |Eb
     It's better than moonshine.
     |                            |Bb           |
  It's damn sure better than the rain.
  |                        |              |
     Well, now people, don't mind;
  |                        |F              |
     We all feel this way ___ sometimes.
  |                  |Gm              |
     Got to let your soul shine,
|Ab                        |Bb           |              |
  Shine 'til the break of day."
```

Verse 2

```
‖Bb                        |F
     I grew up thinking that I had it made.
     |Eb              |Bb           |
  Gonna make it on my own.
  |                  |F              |
     Life can take the strongest man,
|Eb              Bb   |              |
     Make him feel so a - lone.
  |                        |F              |
     Now sometimes I feel a cold wind
|Eb                                |Bb           |
  Blowing through my aching bones.
  |                        |F              |
     I think back to what my daddy said,
        |Gm                    |Ab
  He said, "Boy, in this darkness be - fore the dawn…
```

Chorus 2

‖**B♭** |

Let your soul shine.

| |**F** |

It's better than sunshine.

| |**E♭** |

It's better than moonshine.

| |**B♭** |

Damn sure better than rain."

| | |

Yeah, now, people, don't mind;

| |**F** |

We all feel this way sometimes.

| |**Gm** |

You got to let your soul shine,

|**A♭** |**B♭** | |

Shine 'til the break of day.

Bridge

‖**Gm** | |**E♭** |

Sometimes a man can feel this emptiness,

| | | |

Like a woman has robbed him

|**B♭** |

Of his very soul.

| |**Dm** |

A woman, too, God knows,

|**E♭** |

She can feel like this.

| |**A♭** |

And ___ when your world seems cold,

|**F** | |

You got to let your spirit take con - trol.

Guitar Solo 1

Repeat Chorus 1 (Instrumental)

Guitar Solo 2

```
‖ Gm      |           |Eb        |           |
|         |           |Bb        |           |
|Dm       |           |Eb        |           |
|Ab       |           |F         |
```

Chorus 3

```
|                    ‖Bb          |
```
Talking 'bout soul shine
```
|                |F          |
```
Is better than sunshine,
```
|                |Eb
```
Better than moonshine.
```
|                          |Bb        |
```
It's damn sure better than rain.
```
|                  |          |
```
Well, now people, don't mind;
```
|                |F          |
```
We all feel this way sometimes.
```
|                |Gm          |
```
Got to let your soul shine.
```
|Ab                      |Bb        |
```
Shine 'til the break of day.
```
|                          |F          |
```
Ah, it's it's better than sunshine.
```
|                |Eb
```
It's better than moonshine.
```
|                        |Bb        |
```
It's damn sure better than rain.
```
|                  |          |
```
Well, now people, don't mind;
```
|                |F          |
```
We all feel this way sometimes.
```
|                |Gm          |
```
Got to let your soul shine,
```
|Ab                      |Bb        |          |
```
Shine 'til the break of day.

Outro-Guitar Solo   *Repeat Chorus 1 (Instrumental) and fade*

The Sound of Sunshine

Words and Music by Jason Bowman,
Michael Franti and Carl Young

Bb	F	Eb	Cm	Gm
6fr	8fr	6fr		
1 3 4 2 1 1	1 3 3 3	1 3 3 3	1 3 4 2 1	1 3 4 1 1 1

Intro

N.C.
One, two, three. Ah, hah.
|Bb | |F | |
|Eb |Cm |Bb | |

Verse 1

‖Bb
I wake up in the morning, it's six o'clock.
|
They say there may be rain but the sun is hot.
|F
I wish I had some time just to kill today. |
And I wish I had a dime for ev'ry bill I've got to pay.
|Eb
      Some days you lose, you win,
            |Cm
And the wa - ter's as high as the times you're in.
      |Bb
So I jump back in there where I learned to swim.
      |Gm
Try to keep my head above it the best I can.
            |Eb |
That's why _____ here I am,
| |Bb |Gm
      Just waiting for this storm ___ to pass me by.

Chorus 1

                        ‖F |Eb |Bb |
And that's the sound ___ of sun - shine comin' down.
| |F |Eb |Bb |
      And that's the sound ___ of sun - shine comin' down.
            | |F |Eb |Bb |
(Down, ___ down, down.) Ey, ey, ey, _____ ey, ey, ___ ey, ey.
|N.C.
One, two, three. Ah, huh.

Verse 2

‖**B♭**
I saw my friend Bobby I said, "What's up man?

|
You got a little work or a twenty to lend?"

|**F**
I opened up my hand he said, "I'm glad to see

| |**E♭**
They can take away my job but not my friends, you see."

               |**Cm** |**B♭** |**Gm**
And here I am,   just waitin' for this storm ___ to pass me by.

(Pass me by.)

Chorus 2

                       ‖**F** |**E♭** |**B♭** |
And that's the sound ___ of sun - shine comin' down.

| |**F** |**E♭** |**B♭** |
   And that's the sound ___ of sun - shine comin' down.

| |
   Yeah, yeah, here we go.

Bridge

‖**Gm**
   I wanna go where the summer never ends.

 |**B♭**
With my guitar on the beach there with all my friends.

  |**Gm**
The sun's so hot and the waves in motion

 |**B♭**
And ev'rything smells like suntan lotion.

  |**Gm**
The ocean and the girls so sweet

 |**B♭**
So kick off your shoes and relax your feet.

   |**F**
They say that miracles are never ceasing

|
And ev'ry single soul needs a little releasing.

|
The stereo bumpin' 'til the sun goes down

 |
And I only wanna hear that sound.

Chorus 3

         ‖ **Cm** |**E♭** |**B♭** |

And that's the sound ___ of sun - shine comin' down.

| |**F** |**E♭** |**B♭** |

 And that's the sound ___ of sun - shine comin' down.

Breakdown

| ‖ **N.C.(B♭)** |

 And I said you're the one I wanna be with

| |

When the sun goes down.

| |

You're the one I wanna be with

|

 When the sun goes down,

   |**E♭**

Singin', you're the one I wanna be with |

|**Cm** |

  When the sun goes down.

|**B♭** |**Gm** **N.C.**

 You're the one I wanna be with   when the sun goes…

Chorus 4

        |**F** |**E♭** |**B♭** |

That's the sound ___ of sun - shine comin' down

| |**F** |**E♭** |**B♭** |

 And that's the sound ___ of sun - shine comin' down.

| |**F** |**E♭**

(Ey, ey, ey,) __ When the sun goes down. (ey, ey.)

         |**B♭**

When the sun goes down. (Ey, ey, ___ ey, ey.)

When the sun goes down. | | ‖

Story of My Life

Words and Music by
Jamie Scott, John Henry Ryan, Julian Bunetta,
Harry Styles, Liam Payne, Louis Tomlinson,
Niall Horan and Zain Malik

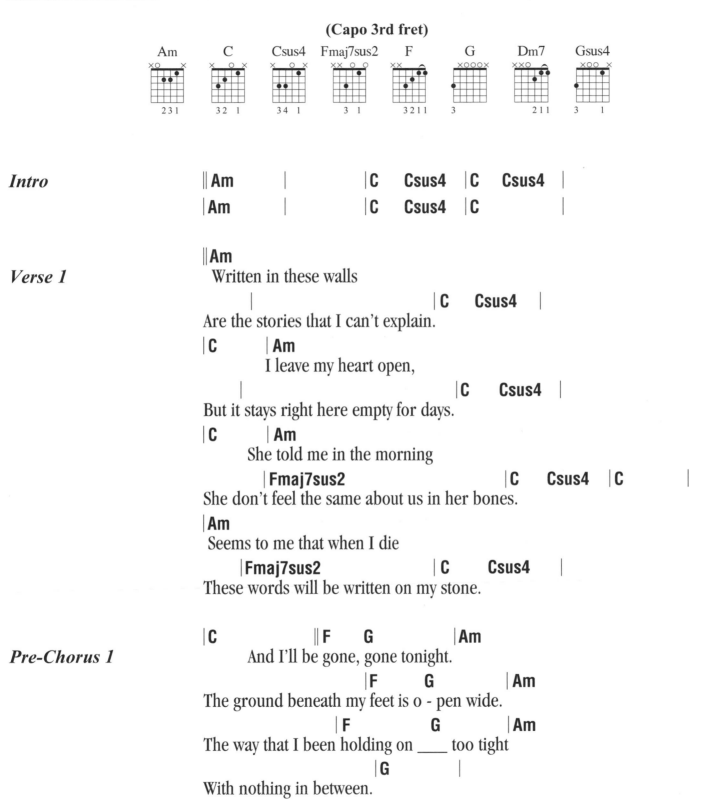

(Capo 3rd fret)

Am   C   Csus4   Fmaj7sus2   F   G   Dm7   Gsus4

Intro

```
|| Am       |       |C   Csus4 |C   Csus4 |
|  Am       |       |C   Csus4 |C        |
```

Verse 1

```
|| Am
   Written in these walls
   |                          |C   Csus4 |
   Are the stories that I can't explain.
   |C         |Am
      I leave my heart open,
   |                            |C   Csus4 |
   But it stays right here empty for days.
   |C         |Am
      She told me in the morning
            |Fmaj7sus2                |C   Csus4 |C       |
   She don't feel the same about us in her bones.
   |Am
    Seems to me that when I die
            |Fmaj7sus2          |C   Csus4 |
   These words will be written on my stone.
```

Pre-Chorus 1

```
|C              ||F   G     |Am
        And I'll be gone, gone tonight.
                  |F     G      |Am
   The ground beneath my feet is o - pen wide.
                 |F      G      |Am
   The way that I been holding on ____ too tight
                  |G           |
   With nothing in between.
```

Chorus 1

```
|        ‖C              |
      The story of my life, I take her home.
|F              |
I drive all night to keep her warm,
         |Am   |F   |C   |
And time ___ is fro - zen. (Story of, story of.)
         |              |
The story of my life, I give her hope.
|F             |              |Am      |
I spend her love un - til she's broke in - side.
|F             |C     |              |
      The story of my ___ life. (Story of, story of.)
```

Verse 2

```
‖Am
  Written on these walls
     |                    |C   Csus4  |C          |
Are the colors that I can't change.
|Am
  Leave my heart open,
     |              |C   Csus4  |
But it stays right here in its cage.
|C   |Am
      I know that in the morning
  |Fmaj7sus2              |C   Csus4  |
I'll see a single light upon the hill.
|C        |Am
      Al - though I am broken,
  |Fmaj7sus2      |C     Csus4  |
My heart is untamed ___ still.
```

Pre-Chorus 2

|C   ‖F   G |Am

       And I'll be gone, gone tonight.

             |F   G |Am

The fire beneath my feet is burn - ing bright.

             |F   G |Am

The way that I been holding on ____ so tight

                |G |

With nothing in between.

Chorus 2

Repeat Chorus 1

Bridge

       ‖Dm7 | |G   Gsus4 |

And I'll be waiting for this time ____ to come around.

|G |Dm7 | |G |

      But, baby, running after you ____ is like chasing the clouds.

Chorus 3

| ‖C |

       The story of my life, I take her home.

|F |

I drive all night to keep her warm

    |Am | |Fmaj7sus2 |

And time is fro - zen.

| |C |

       The story of my life, I give her hope.

|F | |Am |

I spend her love un - til she's broke in - side.

|F |C |

       The story of my ____ life. (Story of.)

Outro

         ‖C | |F |

The story of my ____ life.

| |Am | |F |

     The story of my ____ life.

| |C   ‖

(Story of.) The story of my life.

Space Oddity

Words and Music by
David Bowie

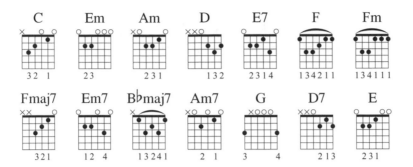

Intro

    C |**Em** |
Ground Control to Major Tom,

    C |**Em** |
Ground Control to Major Tom,

Am |**D** |
Take your protein pills and put your helmet on.

    C |**Em** |
Ground Control to Major Tom,

Am |**Em** |
Commencing countdown, engines on,

                  |**D** | | | ||
Check ignition and may God's love be with you.

Verse 1

    C |**E7** |**F**
This is Ground Control to Major Tom,   you've really made the grade

  |**Fm**   **C** |**F**
And the papers want to know whose shirts you wear.

  |**Fm**   **C** |**F** |
Now it's time to leave the capsule if you dare.

    C |**E7** |**F**
This is Major Tom to Ground Control, I'm stepping through the door,

  |**Fm**   **C** |**F**
And I'm floating in a most peculiar way,

         |**Fm**   **C** |**F**
And the stars look very different today.

Bridge 1

||**Fmaj7** |**Em7** |
For here am I sitting in a tin can,

Fmaj7 |**Em7** |
Far   above the world.

B♭maj7   **Am7** |**G** |**F** ||
Planet Earth is blue and there's nothing I can do.

Verse 2

    C |**E7** |**F**
Though I'm past one hundred thousand miles I'm feeling very still,

    |**Fm**   **C** |**F**
And I think my spaceship knows which way to go.

    |**Fm**   **C** |**F** |
Tell my wife I love her very much, she knows.

G   **E7** |**Am**
Ground Control to Major Tom, your circuit's dead, there's something wrong.

   |**D7**
Can you hear me, Major Tom?

   |**C**
Can you hear me, Major Tom?

   |**G**
Can you hear me, Major Tom?

Bridge 2

||**Fmaj7** |**Em7** |
Can you hear me, am I floating 'round my tin can,

Fmaj7 |**Em7** |
Far   above the moon?

B♭maj7   **Am7** |**G**   **F** | |**E** | ||
Planet Earth is blue and there's nothing I can do.

Stay with Me

Words and Music by
Sam Smith, James Napier,
William Edward Phillips,
Tom Petty and Jeff Lynne

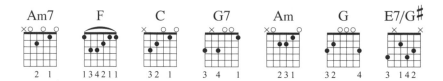

Intro   ‖ **Am7   F   C** | | **Am7   F   C** | | |

Verse 1

‖ **Am7**   **F**   **C** | |
　　 Guess it's true, I'm not good at a one-night stand.

| **Am7**   **F**   **C** | |
　　 But I still need love 'cause I'm just ____ a man.

| **Am7**   **F**   **C** | |
　　 These nights never seem to go to plan.

| **Am7**   **G7**   **C** |
　　 I don't want you to leave, will you hold my hand?

Chorus 1

　　　　　　　　‖ **Am7**   **F**   **C** |
　　 Oh, won't you   stay ____ with me?

| | **Am** **F** **C** |
　　 'Cause you're   all ____ I need.

| **G** | **Am**   **F**   **C** |
　　 This ain't ____ love, it's clear to see.

| **E7/G♯** | **Am** **F** **C** | |
　　 But, darling,   stay ____ with me.

Verse 2

```
‖Am7        F        C    |          |
    Why am I so emo - tion - al?
|Am7                 F              C    |          |
    No, it's not a good look. Gain some self-con - trol.
|Am7                 F            C    |          |
    And deep down I know this nev - er works.
|Am7                 G7           C    |
    But you can lay with me so it does - n't hurt.
```

Chorus 2

```
                ‖Am7      F      C    |
    Oh, won't you    stay ____ with me?
|                |Am    F    C    |
    'Cause you're    all ____ I need.
|        G    |Am      F        C    |
    This ain't ____ love, it's clear to see.
|        E7/G♯  |Am      F        C    |
But, darling,    stay ____ with me.
```

Bridge

```
|        ‖Am7   F   C   |        |Am7   F   C   |
    Oh, _____    oh,
|        |Am7   F   C   |        |Am7   F   C   |
    Oh, _____    oh.
```

Chorus 3

```
                ‖Am7      F      C    |
    Oh, won't you      stay ____ with me?
|                |Am    F    C    |
    'Cause you're    all ____ I need.
|        G    |Am          F        C    |
    This ain't ____ love, it's clear to ____ see.
E7/G♯  |Am      F        C    |
But, darling,    stay ____ with me.
```

Chorus 4   *Repeat Chorus 1*

Thank You for Being a Friend

Words and Music by
Andrew Gold

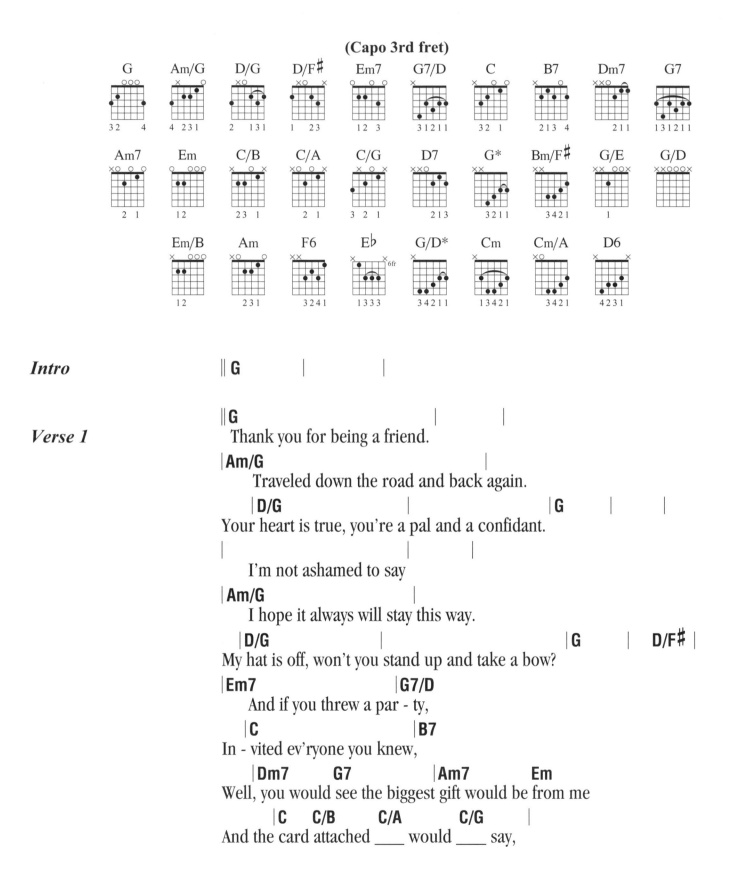

(Capo 3rd fret)

Intro ‖ G | | |

Verse 1

‖ G | | |
   Thank you for being a friend.

| Am/G |
    Traveled down the road and back again.

| D/G | | G | |
Your heart is true, you're a pal and a confidant.

| | | |
    I'm not ashamed to say

| Am/G |
    I hope it always will stay this way.

| D/G | | G | D/F♯ |
My hat is off, won't you stand up and take a bow?

| Em7 | G7/D
    And if you threw a par - ty,

| C | B7
In - vited ev'ryone you knew,

| Dm7   G7 | Am7   Em
Well, you would see the biggest gift would be from me

| C   C/B   C/A   C/G |
And the card attached ___ would ___ say,

Chorus 1

```
       |D7                            ||G          |
        Thank you for being a friend.

       |                               |Am/G       |
        Thank you for being a friend.

       |                               |D/G        |
        Thank you for being a friend.

       |                               |G*   Bm/F♯ |
        Thank you for being a friend.
       |    G/E G/D |C     Em/B |   Am  |
```

Verse 2

```
       ||G                 |          |
         If it's a car you lack,
       |Am/G                          |
         I'd surely buy you a Cad - illac,
         |D/G                |            |G   |    |
       What - ever you need any time of the day or night.
       |                  |          |
         I'm not ashamed to say
       |Am/G                          |
         I hope it always will stay this way.
         |D/G               |            |G    |  D/F♯ |
       My hat is off, won't you stand up and take a bow?
       |Em7                    |G7/D      |
          And when we both get old - er
          |C                        |B7        |
       With walkin' canes and hair of grey,
       |Dm7   G7       |Am7              Em     |
        Have no fear, even though it's hard to hear,
          |C     C/B      C/A      C/G       |
       I will stand real close ___ and ___ say,
```

Chorus 2

```
|D7                              ||G                |
 Thank you for being a friend. ___ (I wanna thank you.)
|                                |Am/G             |
 Thank you for being a friend. ___ (I wanna thank you.)
|                                |D/G              |
 Thank you for being a friend. ___ (I wanna thank you.)
|                                |G                |
 Thank you for being a friend. ___ (I wanna thank you.)
|                      |                           |
 Let me tell you 'bout a friend.  (I wanna thank you.)
|                                |Am/G             |
 Thank you for being a friend. ___ (I wanna thank you.)
|                                |D/G              |
 Thank you for being a friend. ___ (I wanna thank you.)
|                                |G                |
 Thank you for being a friend.
```

Bridge

```
|                ||F6      |           |Em    |         |E♭      |
 And when we die _____ and float a - way _____ into the night,
|            |G/D*     |            |F6      |          |Em     |
 The Milky Way, _____ you'll hear me call _____ as we as - cend.
|            |Cm      |
 I'll say your name
|Cm/A        |D6      |                          |
 Then once a - gain     thank you for being a...
```

Interlude

```
||G*          Bm/F♯   |   G/E G/D |C   Em/B|   Am   |
||G*          Bm/F♯   |   G/E G/D |C   Em/B|
 Ba, ba, ba, ba, _____ ba,  ba,  ba.
```

Chorus 3

           | **Am** ||**G** |
Thank you for being a friend. ___ (I wanna thank you.)

           | |**Am/G** |
Thank you for being a friend. ___ (I wanna thank you.)

           | |**D/G** |
Thank you for being a friend. ___ (I wanna thank you.)

           | |**G**
Thank you for being a friend.

           | |
Peo - ple let me tell you 'bout a friend. (I wanna thank you.)

           | |**Am/G** |
Thank you for being a friend. ___ (I wanna thank you.)

           | |**D/G** |
Thank you for being a friend. ___ (I wanna thank you.)

           | |**G**
Thank you for being a friend.

              | |
Whoa, ___ I'll tell you 'bout a...

           | |
(Thank you right now for being a friend.

                  |**Am/G** |
I wanna tell you right now then I'll tell you again.

                |**D/G** | |
I wanna thank you, thank you,   thank you for being a friend.)

Outro ||**G*** **Bm/F♯** | **G/E G/D** |**C**   **Em/B** | **Am** |
                  |**G** ||

There's a Kind of Hush
(All Over the World)

Words and Music by
Les Reed and Geoff Stephens

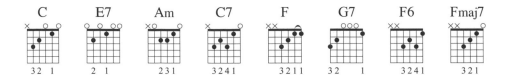

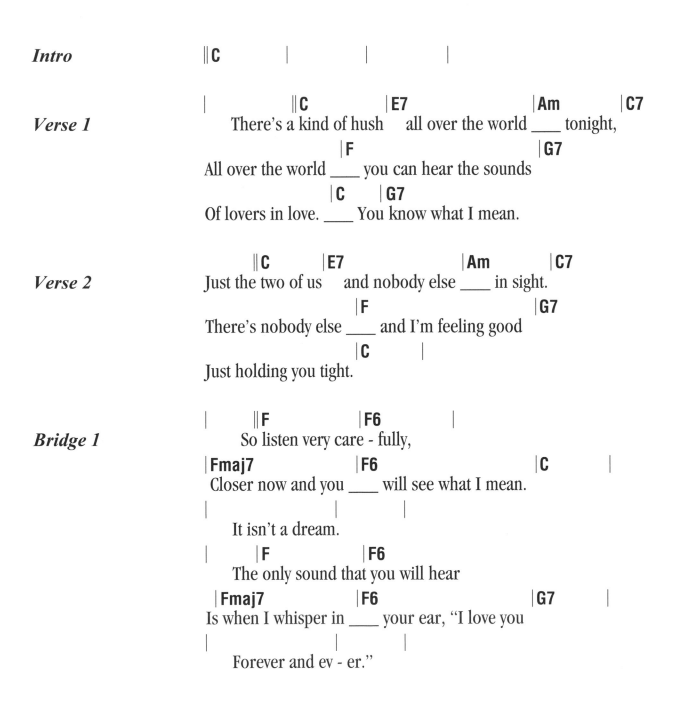

Intro   ‖C | | |

Verse 1
| ‖C |E7 |Am |C7
There's a kind of hush   all over the world ___ tonight,
                              |F |G7
All over the world ___ you can hear the sounds
                              |C |G7
Of lovers in love. ___ You know what I mean.

Verse 2
              ‖C |E7 |Am |C7
Just the two of us   and nobody else ___ in sight.
                              |F |G7
There's nobody else ___ and I'm feeling good
                              |C |
Just holding you tight.

Bridge 1
| ‖F |F6 |
     So listen very care - fully,
|Fmaj7 |F6 |C |
  Closer now and you ___ will see what I mean.
| | |
     It isn't a dream.
| |F |F6
     The only sound that you will hear
|Fmaj7 |F6 |G7 |
Is when I whisper in ___ your ear, "I love you
| | |
     Forever and ev - er."

Verse 3

```
|           ‖C              |E7                |Am           |C7
   There's a kind of hush    all over the world ___ tonight,
|                     |F                    |G7
   All over the world ___ you can hear the sounds
              |C        |
Of lovers in love.
```

Verse 4

```
|G7   ‖C              |E7
   La, la, la, la, la, la, la,
      |Am            |C7
La, la, la, la, la, la, la, la,
             |F
La, la, la, la, la,
             |G7
La, la, la, la, la,
             |C          |
La, la, la, la, la.
```

Bridge 2   *Repeat Bridge 1*

Verse 5

```
|           ‖C              |E7                |Am           |C7
   There's a kind of hush    all over the world ___ tonight,
                  |F                    |G7
   All over the world ___ people just like us
                 |C    |G7                          |C        |
Are falling in love. ___       Yeah, they're falling in love.
|G7                        |C    |G7    |C       ‖
(Hush.) They're falling in love. ___    (Hush.)
```

Thinking Out Loud

Words and Music by
Ed Sheeran and Amy Wadge

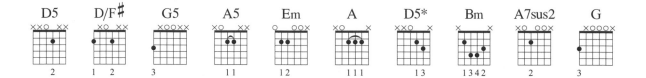

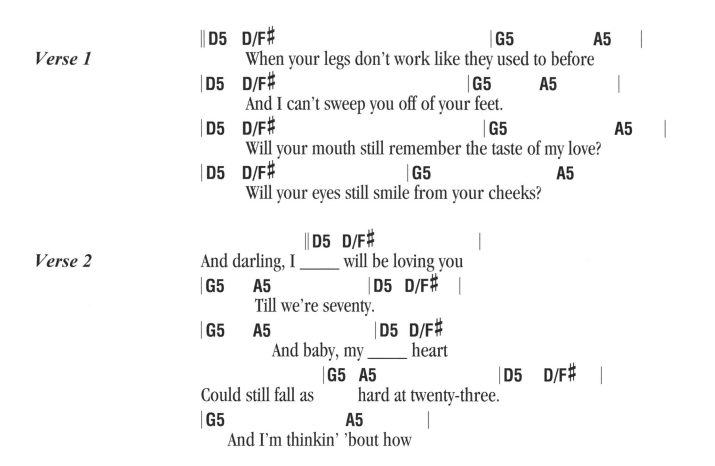

Verse 1

‖D5 D/F♯ |G5   A5 |
When your legs don't work like they used to before

|D5 D/F♯ |G5   A5 |
And I can't sweep you off of your feet.

|D5 D/F♯ |G5   A5 |
Will your mouth still remember the taste of my love?

|D5 D/F♯ |G5   A5
Will your eyes still smile from your cheeks?

Verse 2

‖D5 D/F♯ |
And darling, I ____ will be loving you

|G5   A5 |D5 D/F♯ |
Till we're seventy.

|G5   A5 |D5 D/F♯
And baby, my ____ heart

|G5 A5 |D5   D/F♯ |
Could still fall as   hard at twenty-three.

|G5   A5 |
And I'm thinkin' 'bout how

Pre-Chorus 1

```
 ‖Em                          |A       D*     |
    People fall in love in myster - ious ways.
 |Em                          |A
   Maybe just the touch of a hand.
       |Em                    |A       Bm
 Well, me, I fall in love with you ev - 'ry single day
       |Em                    |A7sus2
 And I just wanna tell you I am.
```

Chorus 1

```
 N.C              ‖D5  D/F♯  |
 So honey, now.
 |G5       A5                  |D5     D/F♯  |
    Take me into your loving arms.
 |G5       A5                     |D5      D/F♯  |
    Kiss ___ me under the light of a thousand stars.
 |G5       A5                        |D5    D/F♯
    Place ___ your head on my beating heart.
           |G  A
 I'm thinking out loud.
       |Bm  A     G   D/F♯  |
 Maybe we   found love right
 |Em      A  D5       |
  Where we are.
```

Verse 3

```
 ‖D5  D/F♯                          |G5         A5      |
      When my hair's all but gone and my memory fades
 |D5  D/F♯                          |G5   A5    |
   And the crowds don't remember my name.
 |D5  D/F♯               |G5         A5        |
   When my hands don't play the strings the same way.
 |D5  D/F♯                    |G5      A5
   I know you will still love me the same.
```

Verse 4

```
                              ‖D5  D/F♯
'Cause, honey, your ____ soul
                         |G5    A5              |D5  D/F♯   |
Could never grow        old, it's evergreen.
|G5    A5              |D5  D/F♯ |
      And baby your ___ smile's
              |G5    A5              |D5   D/F♯   |
Forever in ___ my mind and memory.
|G5              A5              |
      I'm thinkin' 'bout how…
```

Pre-Chorus 2

```
‖Em                       |A    D* |
  People fall in love in myster - ious ways
   |Em                       |A
And maybe it's all part of a plan.
       |Em                       |A    Bm    |
Well, I'll just keep on making the same ___ mis - takes
|Em                    |A7sus2 |
 Hoping that you'll understand.
```

Chorus 2

```
N.C.                 ‖D5  D/F♯   |
      That baby, now.
|G5      A5                   |D5    D/F♯   |
      Take me into your loving arms.
|G5      A5                       |D5      D/F♯ |
      Kiss ___ me under the light of a thousand stars.
|G5      A5                       |D5   D/F♯
      Place ___ your head on my beating heart.
               |G   A   |
I'm thinking out ___ loud.
         |Bm  A    G   D/F♯   |
And maybe we   found love right
|Em    A  D5            |
 Where we are, oh, oh.
```

198

Guitar Solo ‖D D/F♯ |G A |D D/F♯ |G A |
|D D/F♯ |G A |D D/F♯ |

|G A ‖D5 D/F♯ |

Chorus 3

So baby, now

|G5 A5 |D5 D/F♯ |

Take me into your loving arms.

|G5 A5 D5 D/F♯

Kiss ___ me under the light of a thousand stars.

|G5 A5 |D5 D/F♯

Oh, dar - lin', place ___ your head on my beating heart.

|G A

I'm thinking out ___ loud.

|Bm A G D/F♯ |

That maybe we found love right

|Em A D5

Where we are.

|Bm A G D/F♯ |

And baby, we found love right

|Em A D5

Where we are.

|Bm A G D/F♯ |

And we found love right

|Em A D5 ‖

Where we are.

This Year's Love

Words and Music by
David Gray

(Capo 1st fret)

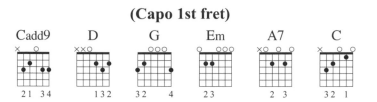

Cadd9   D   G   Em   A7   C

Intro   ‖ $\frac{12}{8}$ **Cadd9   D** | **Cadd9   D** | **Cadd9   D** | **G   Em** |

Verse 1

‖ **Cadd9   D | Cadd9**
    This year's love, it's better last.

      D | Cadd9
Heaven knows it's high time,

      D | G   Em |
I've been waiting on my own too long.

| **Cadd9   D | Cadd9**
    And when you hold me like you do

     D |
It feels so right, oh now,

| **Cadd9   D | G**
   I start to forget how my heart gets torn

     | **Em**
When that hurt gets thrown,

   | $\frac{6}{8}$ **A7** | $\frac{12}{8}$ **C** |
Feeling ___ like you can't ___ go on.

Verse 2

```
 ‖Cadd9       D                    |Cadd9
        Turning circles and time again
              D            |
Cut like a knife, oh, now.
 |Cadd9     D              |G              Em      |
        If you love me I got to know for sure
 |Cadd9              D              |Cadd9
        'Cause it takes something more this time
                   D          |
Than sweet, sweet lies oh, now.
 |Cadd9       D          |G
        Before I open up my arms and fall
        |Em
Losing all control
        |⁶₈A7                  |¹²₈C
Ev'ry ___ dream inside my ___ soul
                          |G
When you kiss me on that midnight street
           |Em
Sweep me off my feet
        |⁶₈A7              |¹²₈C              |
Singing, ___ ain't this life ___ so sweet?
```

201

Verse 3

‖**Cadd9**   **D** |**Cadd9 D** |**Cadd9 D** |**G** **Em** |
  This year's love, it better last.

|**Cadd9**   **D** |**Cadd9 D** |
  This year's love, it better last.

|**Cadd9**   **D** |**G**
  'Cause who's to worry if our hearts get torn

     |**Em**
When that hurt gets thrown?

     |⁶⁄₈**A7** |¹²⁄₈**C**
Don't you ___ know this life ___ goes on?

        |**G**
Won't you kiss me on that midnight street,

     |**Em**
Sweep me off my feet

     |⁶⁄₈**A7** |¹²⁄₈**C** |
Singing, ___ ain't this life ___ so sweet?

Outro

‖:**Cadd9**   **D** |**Cadd9 D** :‖ *Play 4 times*
  This year's love, it better last.

|**Cadd9**   **D** |**Cadd9**   **D** |
  This year's love, it better last. ___ Whoa, I yeah.

|**Cadd9** |**G**   ‖
  This year's love, it bet - ter last.

Waiting on the World to Change

Words and Music by
John Mayer

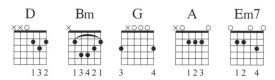

Intro

| D | Bm | | G | D | | A | Bm | | G | D | |

Verse 1

D   Bm |G   D
    Me and all my friends, we're all   misunder - stood.

 |A   Bm |G   D
They say we stand for nothing and there's no way we ever could.

        |D   Bm
Now we see   everything that's going wrong

     |G   D
With the world and those who lead it.

    |A   Bm |G   D
We just feel like we don't   have the means to rise above and beat it.

Chorus 1

     ‖D   Bm |G   D
So we keep waiting (waiting), waiting on the world to change.

    |A   Bm |G   D
We keep on waiting (waiting), waiting on the world to change.

  |D   Em7 |Bm   Em7
It's hard to beat the system when we're standing at a distance.

     |A   Bm |G   D
So we keep waiting (waiting), waiting on the world to change.

Verse 2

   ‖D   Bm |G   D
Now, if we had the power to bring our neigh - bors home from war,

          |A   Bm |G   D
They would have never missed a Christmas; no more ribbons on their door.

       |D   Bm |G   D
And when you trust your tele - vision, what you get is what you got.

         |A   Bm |G   D
'Cause when they own the infor - mation, oh, they can bend it all they want.

Chorus 2

       ‖D Bm |G   D
That's why we're wait - ing (waiting), waiting on the world to change.

      |A Bm |G   D
We keep on waiting (waiting), waiting on the world to change.

   |D   Em7 |Bm   Em7
It's not that we don't care; we just know   that the fight ain't   fair.

      |A   Bm |G   D
So we keep on waiting (waiting), waiting on the world to change.

Chorus 3

       ‖D   Bm |G   D
And we're still waiting (waiting), waiting on the world to change.

      |A   Bm |G   D
We keep on waiting (waiting), waiting on the world to change.

   |D   Em7 |Bm   Em7
One day our gener - ation is gonna rule the popu - lation.

      |A   Bm |G   D
So we keep on waiting (waiting), waiting on the world to change.

Outro

‖**A**   **Bm** |**G**   **D**
I know we keep on waiting (waiting), waiting on the world to change.

|**A**   **Bm** |**G**   **D**
We keep on waiting (waiting), we're waiting on the world to change.

|**G**   **D**
Waiting on the world to change.

|**G**   **D**
Waiting on the world to change.

|**G**   **D**   ‖
Waiting on the world to change.

Wake Me Up When September Ends

Words by Billie Joe
Music by Green Day

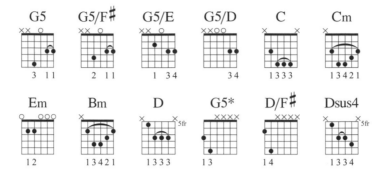

Intro

‖:G5 | :‖

Verse 1

|G5 |G5/F♯
Summer has come and passed,
|G5/E |G5/D |
The innocent can nev - er last.
|C |Cm |G5 | |
Wake me up when September ends.
| |G5/F♯ |
Like my father's come to pass,
|G5/E |G5/F♯ |
Seven years has gone so fast.
|C |Cm |G5 | |
Wake me up when September ends.

Chorus 1

|Em |Bm |C |G5 G5/F♯ |
Here comes the rain again, falling from the stars.
|Em |Bm |C |D |
Drenched in my pain again, be - coming who we are.

Verse 2

|G5 |G5/F♯ |G5/E |G5/D |
As my mem - ory rests, but never forgets what I lost.
|C |Cm |G5 | |
Wake me up when September ends.

Interlude 1

‖:G5 | :‖ *Play 3 times*

Verse 3

|G5 |G5/F♯
  Summer has come and passed,
  |G5/E |G5/D |
The innocent can nev - er last.
|C |Cm |G5* | |
  Wake me up when September ends.
|G5 |G5/F♯ |
  Ring out the bells again,
|G5/E |G5/D |
Like we did when spring began.
|C |Cm |G5* |D/F♯ |
  Wake me up when September ends.

Chorus 2

|Em |Bm |C |G5* D/F♯ |
  Here comes the rain again, falling from the stars.
|Em |Bm |C |D |
  Drenched in my pain again, be - coming who we are.

Verse 4

|G5 |G5/F♯ |G5/E |G5/D |
  As my mem - ory rests, but never forgets what I lost.
|C |Cm |G5* |D/F♯ |
  Wake me up when September ends.

Guitar Solo

Em	Bm	C	G5* D/F♯
Em	Bm	C	Dsus4
D	Dsus4	D

Interlude 2

‖: G5 | :‖

Verse 5

|G5 |G5/F♯
  Summer has come and passed,
  |G5/E |G5/D |
The innocent can nev - er last.
|C |Cm |G5* | |
  Wake me up when September ends.
|G5 |G5/F♯ |
  Like my father's come to pass,
|G5/E |G5/F♯ |
Twenty years has gone so fast.

Outro

‖: C |Cm |G5*   :‖
  Wake me up when September ends.   *Play 3 times*

Wish You Were Here

Words and Music by
Roger Waters and David Gilmour

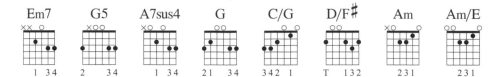

Intro

Em7	G5	Em7	G5
Em7	A7sus4	Em7	A7sus4
G		Em7	G5
Em7	G5	Em7	A7sus4
Em7	A7sus4	G	

Verse 1

|C/G |D/F# |
So, so you think you can tell,
| |Am   Am/E |
Heaven from hell,
| Am |G |
Blue skies from pain.
| |D |
Can you tell a green field,
|D/F# |C/G |
From a cold steel rail?
| |Am/E |
A smile from a veil?
| |G |
Do you think you can tell?

Verse 2

                       | |**C/G** | |**D/F♯** |
Did they get you to trade ____ your heroes for ghosts?

| |**Am Am/E** |
Hot ashes for trees?

| **Am** |**G** |
Hot air ____ for a cool ____ breeze?

| |**D** |
Cold comfort for change?

|**D/F♯** |**C/G**
Did you exchange

 | |**Am**
A walk on part in the war

        | |**G** |
For a lead role in a cage?

Guitar Solo

|**Em7** |**G5** |**Em7** |**G5** |
|**Em7** |**A7sus4** |**Em7** |**A7sus4** |
|**G** |

Verse 3

|**C/G** | |**D/F♯** |
How I wish, how I wish you were here.

| |**Am** | | |
We're just two lost souls swimmin' in a fish bowl

|**G** |
Year after year.

|**D/F♯** | | |
Runnin' over the same old ground.

|**C/G** |**Am** |
What have we found? The same old fears.

| |**G** |
Wish you were here.

Interlude

Em7	**G5**	**Em7**	**G5**
Em7	**A7sus4**	**Em7**	**A7sus4**
G	

Outro-Guitar Solo

Em7	**G5**	**Em7**	**G5**
Em7	**A7sus4**	**Em7**	**A7sus4**
G	

Woman

Words and Music by
John Lennon

(Capo 1st fret)

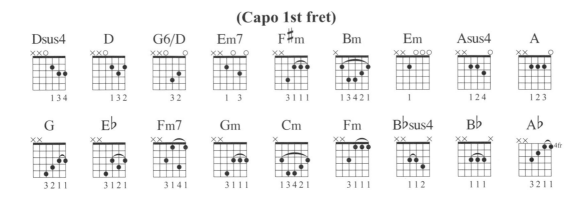

Intro

‖: **Dsus4 D** | **G6/D D**   :‖

Verse 1

‖ **D**   **Em7** | **F♯m7**   **Em7** |
  Woman,   I can hardly express

| **D**   **Bm** | **Em**   **Asus4**   **A** |
    My mixed e - motions at my   thoughtlessness.

| **G**   **Em** | **F♯m**   **Asus4**   **A**
    After all, ____ I'm for - ever in your debt.

    | **D**   **Em** | **F♯m**   **Em** |
And woman,   I will try to express

| **D**   **Bm** | **Em**   **Asus4**   **A** |
    My inner feelings and   thankfulness

| **G**   **Em** | **F♯m** | **Asus4** | **A** |
    For showing me the meaning of suc - cess.

Chorus 1

‖ **D** | **Bm** | **Em**
  Oo, _____ well, well,

          | **A** |
Do, do, do, do, do.

| **D** | **Bm** | **Em**
  Oo, _____ well, well,

          | **A** |
Do, do, do, do, do.

Verse 2

```
‖D         Em7        |F♯m7       Em7   |
    Woman,    I know you understand
|D         Bm      |Em           Asus4    A   |
    The little child in - side the man.
|G         Em      |F♯m              Asus4    A
    Please re - member my life is in your hands.
    |D    Em      |F♯m          Em    |
And woman,    hold me close to your heart.
|D         Bm      |Em           Asus4    A   |
    However distant, don't keep us apart.
|G      Em   |F♯m        |Asus4    |A      |
    After all, it is written in the stars.
```

Chorus 2

```
‖D   |Bm        |Em
  Oo, _____ well, well,
              |A       |
Do, do, do, do, do.
|D   |Bm       |Em
  Oo, _____ well, well,
              |A           |
Do, do, do, do, do, well.
```

Verse 3

```
‖E♭      Fm7    |Gm           Fm7      |
   Woman,    please let me explain.
|E♭       Cm                |Fm          B♭sus4    B♭   |
    I never meant to cause you sorrow or pain.
|A♭         Fm      |Gm              |B♭sus4    |B♭
    So let me tell you a - gain and again and a - gain.
```

Outro-Chorus

```
‖: E♭   |Cm      |Fm              |B♭          :‖ Repeat and fade
I   love    you, yeah, yeah, now and for - ever. I...
```

We'll Be Alright

Words and Music by
Daniel Goffey, Gareth Coombes, Michael Quinn,
Bruno Mars, Philip Lawrence, Ray Romulus,
Jonathan Yip and Jeremy Reeves

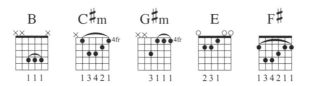

Chorus 1

N.C. ‖B |
We are young, we run free,

| |
Stay up late, we don't sleep.

|C#m |
Got our friends, got the night,

| |B | |
We'll be al - right. *Ah, ha, let's go! Let's go!*

Verse 1

‖G#m   B   C#m | |
Tonight you won't be by your - self-self.

|G#m   B   C#m | |
Just leave your problems on the   shelf-shelf.

|G#m   B   C#m |
You won't wanna be nowhere else-else.

        |G#m B   C#m | |
So let's go, ___   so let's go.   (We got the club like…)

Pre-Chorus 1

```
‖G#m        B    C#m |                    |
```
(Hoo, oo, oo, oo, oo oo.) And all the girls sayin'…
```
|G#m        B    C#m |                    |
```
(Hoo, oo, oo, oo, oo oo.) The whole world sayin'…
```
|G#m        B        C#m |                |
```
(Hoo, oo, oo, oo, oo oo.) Yeah, yeah, come on let's
```
|E                   |F#
```
Get drunk, toast it up, we don't give a fuck.

Chorus 2

```
        ‖B          |
```
We are young, we run free,
```
        |           |
```
Stay up late, we don't sleep.
```
      |C#m              |
```
Got our friends, got the night,
```
|            |B       |
```
 We'll be al - right.
```
|            |        |
```
 Throw our hands in the air,
```
      |          |
```
Pretty girls ev'ry - where.
```
      |C#m              |
```
Got our friends, got the night,
```
|            |B        |       |
```
 We'll be al - right.

Pre-Chorus 2

```
‖G#m        B    C#m |                    |
```
(Hoo, oo, oo, oo, oo oo.) Alright, alright, alright.
```
|G#m        B    C#m |                |
```
(Hoo, oo, oo, oo, oo oo.) *Ah, ah, ah, ah.*
```
|G#m        B    C#m |                    |
```
(Hoo, oo, oo, oo, oo oo.) Alright, alright, alright.
```
|G#m        B    C#m |                |
```
(Hoo, oo, oo, oo, oo oo.) *Ah, ah, ah, ah.*

Verse 2

```
‖G#m          B                C#m |              |
      We walked the streets like we don't  care-care.
|G#m          B         C#m |              |
      Our middle fingers in the    air-air.
|G#m          B             C#m |
      So come and join us if you    dare-dare.
                 |G#m   B            C#m |              |
      Yeah, let's go, _____ yeah, let's go.   (We got the club like…)
```

Pre-Chorus 3   *Repeat Pre-Chorus 1*

Chorus 3   *Repeat Chorus 2*

Bridge

```
                ‖B                |
      It feels like ah, ah, ah, ah, ah.
      |                    |C#m            |
      (It feels good, don't it?) Ah, ah, ah, ah, ah.
      |                      |F#                |
      (Doh, doh, duh, d-don't it?) Yeah, yeah, yeah, yeah, yeah,
      |            |B            |
        We'll be al - right.
      |            |B              |
        It feels like ah, ah, ah, ah, ah.
      |                    |C#m            |
      (It feels good, don't it?) Ah, ah, ah, ah, ah.
      |                      |F#                |
      (Doh, doh, duh, d-don't it?) Yeah, yeah, yeah, yeah, yeah,
      |            |B        |
        We'll be al - right.
```

Chorus 4   *Repeat Chorus 2*